Joy Asanga

Produzione e traffico illecito di armi da fuoco

Joy Asanga

Produzione e traffico illecito di armi da fuoco

Un'analisi del Protocollo contro la fabbricazione e il traffico illeciti di armi da fuoco, loro parti e componenti

ScienciaScripts

This book is a translation from the original published under ISBN 978-3-330-07582-5.

Publisher:
Sciencia Scripts
is a trademark of
Dodo Books Indian Ocean Ltd. and OmniScriptum S.R.L publishing group

120 High Road, East Finchley, London, N2 9ED, United Kingdom
Str. Armeneasca 28/1, office 1, Chisinau MD-2012, Republic of Moldova, Europe
Printed at: see last page
ISBN: 978-620-7-32349-4

DEDICA

Dedico questo progetto ai ricordi del mio defunto fratello, Samuel Asanga, che so essere più che felice, ovunque si trovi, che io abbia potuto arrivare a questo punto della mia vita; e a
mio zio Peter Asanga, che so avrebbe festeggiato più di chiunque altro.
Grazie per averci lasciato la migliore eredità da vivere e da seguire.

Questo articolo è dedicato anche alla memoria di tutti coloro che hanno perso la vita a causa del
traffico e dell'uso illecito di armi e munizioni durante le insurrezioni che si sono verificate in Nigeria negli ultimi anni.

RICONOSCIMENTO

Sono eternamente grato a Dio. Tutto ciò che sono lo devo a Lui.

E a mio padre, non ci sarà mai un altro essere umano sulla terra a prendere il tuo posto; per tutto quello che sei e sarai sempre per me, grazie. Tu, la mamma e Jacob siete e sarete per sempre il mio "luogo felice".

Vorrei riconoscere l'inestimabile impegno del mio supervisore, la signora Elda Belja, per la supervisione di questo progetto. L'aiuto della signora Jalloh, della signora Tetty Lubis, del dottor Martinez e del professor Attard non può passare inosservato o non apprezzato. Grazie di cuore per aver reso Malta abbastanza adatta a essere chiamata casa.

CONTENUTI

TABELLA DEGLI STATUTI

La legge sulle armi da fuoco

La legge sul cabotaggio

La Convenzione delle Nazioni Unite sulla criminalità organizzata transnazionale

Il Protocollo contro la fabbricazione e il traffico illeciti di armi da fuoco, loro parti, componenti e munizioni

La Costituzione della Repubblica Federale della Nigeria del 1999 (e successive modifiche).

Legge sulle rapine e sulle armi da fuoco (disposizioni speciali)

Dichiarazione universale dei diritti umani

Carta africana dei diritti umani e dei popoli

Dichiarazione di Bamako sulla proliferazione, la circolazione e il traffico illecito di armi leggere e di piccolo calibro

Strumento internazionale per consentire agli Stati di identificare e rintracciare le armi leggere e di piccolo calibro

Il Codice penale nigeriano

Il Codice penale nigeriano

Legge sulle industrie della difesa della Nigeria (esclusione degli armamenti delle forze armate).

Convenzione internazionale sulla sicurezza della vita in mare (SOLAS)

La legge NIMASA

La legge sulla Marina nigeriana

ABBREVIAZIONI

ECOWAS: Economic Community of West African States

GDP: Gross Domestic Product

INCB: International Narcotics Control Board

MLA: Mutual Legal Assistance

NATCOM: National Committee on the Proliferation of Arms

NIMASA: Nigerian Maritime Administration and Safety Agency

NCS: Nigerian Customs Services

NIS: Nigerian Immigration Service

NN: Nigerian Navy

NNPC: Nigerian National Petroleum Corporation

NNSL: Nigerian National Shipping Line

NPA: Nigerian Ports Authority

NVOCC: Non Vessel Operating Common Carrier

POA: Programme of Action

SALW: Small Arms and Light Weapons

TCO: Transnational Criminal Organisation

TOC: Transnational Organised Crime

UN: United Nations

UNODC: United Nations Office on Drug and Crime

UNTOC: United Nations Convention on Transnational Organised Crime

VIE: Verification Inspection Exercise

INTRODUZIONE

Si ritiene che, forse a differenza di qualsiasi altro settore, l'industria marittima a livello globale offra una miriade di opportunità di investimento[1] e di globalizzazione ad un ritmo rapido. In primo luogo, è servito a stimolare il commercio di importazione ed esportazione, fornendo trasporti di superficie attraverso i quali le merci vengono spostate via mare su vasta scala.

Dall'arrivo dell'esploratore portoghese Giovanni D'averino al fiume Benin, nel 1485, si sono stabiliti contatti commerciali via mare tra gli europei e la subregione dell'Africa occidentale (in particolare la Nigeria). L'odioso commercio in Africa (la tratta degli schiavi) sarebbe stato impossibile nella scala in cui è stato condotto se non fosse stato per l'uso delle rotte marittime. Il commercio marittimo ha anche permesso ai colonialisti di stabilire salde prese sulle economie dei coloni, come nel caso del Sudafrica, dove nel 1627 l'esploratore olandese Jan Van Riebek e i suoi successori si assicurarono che i nativi continuassero a servire come manodopera a basso costo nelle miniere e nelle piantagioni[2] .

Il commercio marittimo (navigazione) ha svolto un ruolo fondamentale nello sviluppo economico della Nigeria. Rappresenta circa il 95% del commercio veicolare internazionale della Nigeria. Ha anche agito come forza cardinale nel tentativo della Nigeria di correggere i suoi squilibri commerciali con le nazioni industrializzate del mondo. Da quando, nel 1975, il governo nigeriano è diventato firmatario della Conferenza delle Nazioni Unite per il Commercio e lo Sviluppo (United Nations Conference on Trade and Development Code for Liner Conference), sono stati stipulati numerosi accordi marittimi bilaterali e multilaterali, che hanno aiutato in larga misura il settore nella movimentazione dei carichi in entrata e in uscita dalle coste nigeriane.

Il settore marittimo ha diversificato l'economia nigeriana e ha continuato a fornire opportunità di lavoro ai nigeriani come personale di bordo, marinai e lavoratori portuali, oltre a vari professionisti ed esperti del settore[3] . Finché è esistita, la Nigerian National Shipping Line (NNSL) è servita come bacino o terreno di formazione per la maggior parte dei maestri di navigazione e altri professionisti esperti del settore marittimo nigeriano fino ad oggi. Il trasporto marittimo ha anche fornito l'opportunità di effettuare trasporti per vie d'acqua interne, commercio costiero e d'alto mare, oltre a rendere possibile ai nigeriani lo sviluppo di competenze per la pesca e la pesca a strascico di gamberetti. In una parola, il trasporto

---

[1] Balarabe (2004)

[2] L'importanza del trasporto marittimo per lo sviluppo economico della Nigeria 1976-2006 Visto in

https://lazokoroji.wordpress.com/2013/01/04/the-importance-of-shipping-to-the-economic-development-of-nigeria-1976-2006/

[3] Olokoba (2006)

marittimo ha dato lavoro a un numero considerevole di nigeriani in varie occupazioni legate al mare. Ha contribuito in parte all'urbanizzazione e all'industrializzazione della nazione e ha dato impulso al commercio e alle relazioni commerciali dei nigeriani con il mondo esterno.

Tuttavia, una nazione costiera priva di coscienza della sicurezza è suscettibile di attacchi da e attraverso i mari. I recenti avvenimenti e disordini civili nel Paese hanno suscitato incessanti preoccupazioni e timori per le vite, le proprietà e la stabilità del Paese. Il tasso di criminalità e violenza nel Paese è salito ai massimi storici negli ultimi anni, dagli atti di rapimento, ai furti, alle rapine a mano armata, fino agli attacchi terroristici e alle insurrezioni. Gli sforzi delle agenzie e del personale di sicurezza per arginare questi eventi sono stati inutili. Questi uomini del mondo oscuro hanno imparato e creato reti e canali per l'avanzamento dei loro atti criminali, eseguendoli proprio sotto i tappeti delle agenzie di sicurezza governative.

Ogni giorno nei porti di tutto il mondo transitano molti container e solo una parte di essi può essere ispezionata adeguatamente per quanto riguarda la possibilità umana. I proprietari delle navi e persino i funzionari doganali devono spesso fidarsi del fatto che ciò che è contenuto nel container corrisponde a quanto indicato sui documenti di carico. Le persone sono riuscite a trasportare illegalmente merci e sostanze nocive da una regione all'altra senza che le autorità sospettassero nulla. Oggi è più preoccupante il traffico illegale di persone, droghe e armi, quest'ultimo al centro di questa tesi.

Nell'analizzare il problema, il primo capitolo tratterà della storia del traffico di armi da fuoco e della loro produzione illecita, con un'analisi degli attuali avvenimenti a livello internazionale in correlazione con le diverse reti regionali che si sono formate attraverso questo grave crimine. Inoltre, verrà discussa la situazione nella regione dell'Africa occidentale, in particolare in Nigeria, e verranno portate alla luce questioni di grave preoccupazione.

Il secondo capitolo si soffermerà esclusivamente sul fattore criminalità organizzata transnazionale e sulle soluzioni adottate dalle Nazioni Unite per risolvere i problemi attraverso gli auspici dell'Ufficio delle Nazioni Unite contro la droga e il crimine, le convenzioni applicabili e un'attenzione particolare al Protocollo sulle armi da fuoco.

Nel terzo capitolo, verranno discussi i quadri legislativi e giudiziari adottati in passato per affrontare la questione del commercio illegale di armi, con particolare attenzione agli sforzi regionali e agli sforzi degli Stati.

Il quarto capitolo si soffermerà poi sulle caratteristiche salienti del Protocollo UNODC sulle armi da fuoco rispetto ai principali quadri giuridici adottati dal governo nigeriano per proteggere e garantire un ambiente marittimo sicuro.

CAPITOLO 1

UN QUADRO DELLA PRODUZIONE E DEL TRAFFICO ILLECITO DI ARMI DA FUOCO

1.1 Il traffico illecito di armi da fuoco a livello internazionale

È opportuno, in un primo momento, capire su cosa si incentra questo progetto. Le armi leggere comprendono revolver e pistole autocaricanti, fucili, mitragliatrici e simili. Le armi leggere comprendono le mitragliatrici pesanti, i lanciagranate portatili e montati, i cannoni antiaerei portatili, i missili portatili anticarro, i sistemi e i mortai di calibro inferiore a 100 mm[4] .

Le armi continuano ad essere le più utilizzate in molti dei violenti conflitti civili, etnici e religiosi del dopo guerra fredda. Tutti i 34 principali conflitti armati, documentati nel 1993 dall'Istituto Internazionale di Ricerca sulla Pace di Stoccolma (SIPRI), sono combattuti con armi leggere[5] .

Purtroppo, una percentuale minima di navi container è sottoposta a controlli del carico, rendendo così agevole il movimento delle armi. Falsificare i documenti (polizze di carico, certificati di uso finale contraffatti)[6] , corrompere i funzionari e nascondere le armi come aiuti umanitari sono pratiche comuni. Nel 2002, i trafficanti hanno acquistato 5.000 AK-47 dalle scorte dell'esercito jugoslavo e li hanno trasferiti dalla Serbia alla Liberia con la scusa di una transazione legale con la Nigeria. Uno degli aerei utilizzati per questa spedizione proveniva dall'Ucraina e ha fatto una sosta di rifornimento in Libia mentre era in viaggio[7] . È assolutamente importante rendersi conto dell'ampiezza delle attività illecite che si svolgono sotto le vesti della globalizzazione e lavorare in modo completo.

La globalizzazione non è una novità e nemmeno il mercato nero. Tom G. Palmer del Cato Institute[8] definisce la globalizzazione come "la diminuzione o l'eliminazione delle restrizioni imposte dallo Stato sugli scambi attraverso le frontiere e il sistema globale di produzione e di scambio sempre più integrato e complesso che è emerso come risultato[9] ".

---

[4] Rapporti di esperti di armi

[5] Christopher Loiuse "L'impatto sociale della disponibilità e della proliferazione delle armi leggere" si trova su http://sites.tufts.edu/iha/archives/65.

[6] http://www.geopoliticalmonitor.com/the-illicit-trade-of-small-arms-4273/

[7] Rachel Stohl "L'intricata rete del traffico illecito di armi"

[8] Un ThinkTank americano L'Istituto libertario è stato fondato per concentrarsi sulla difesa pubblica, l'esposizione ai media e l'influenza sulla società.

[9] Visto su http://www.slideshare.net/turio987/globalization-44098225

Christopher Louise, nel suo lavoro[10], ha affermato che gli effetti della globalizzazione e della disintegrazione della società sono stati molto poco studiati, sostenendo le forze del libero mercato con barriere economiche ridotte al minimo e l'apertura del commercio per lo sviluppo mondiale. Di conseguenza, abbiamo assistito all'espansione del mercato nero delle armi, alla riduzione al minimo delle norme doganali e al calo dei controlli alle frontiere.

Nell'epoca contemporanea, il terrorismo è stato considerato una delle principali minacce alla sicurezza mondiale e il fattore principale è stato catalizzato dall'aumento delle armi illegali[11]. Il mercato illegale delle munizioni comprende carri armati di ultima generazione, sistemi radar che rilevano gli aerei Stealth e la fabbricazione delle più letali armi di distruzione di massa[12]. Il business illegale globale delle armi di piccolo calibro è valutato circa 1 miliardo di dollari ed è importante rendersi conto che sono proprio le armi di piccolo calibro ad alimentare il crimine e a sostenere i conflitti armati in tutto il mondo[13].

In Colombia, ad esempio, la proliferazione delle armi leggere dura da quattro decenni e continua ad affliggere Paesi come l'Afghanistan e gli Stati del Medio Oriente. È ugualmente responsabile della facilitazione del terrorismo e della creazione di anarchia dopo le guerre civili in luoghi come Burundi, Ghana, Yemen, Kirghizistan, Nepal e Pakistan[14]. La struttura del mercato nero delle armi di piccolo calibro è oggi una rete complessa che si estende in tutto il mondo, sottraendo i vantaggi della globalizzazione.

Il viaggio delle armi leggere inizia dal circuito legale e alla fine cade nelle grinfie illegali[15]. Sono molteplici le modalità attraverso le quali le armi di origine legale vengono dirottate verso ambiti illegali. La spedizione attraverso rotte pericolose, la cattiva gestione delle scorte, i saccheggi, la corruzione tra i funzionari, i sequestri nelle zone di guerra sono alcuni di

---

[10] Christopher Louise "Relazione tra la proliferazione delle armi leggere e di piccolo calibro".

[11] Dibattito sul terrorismo globale: Ethical Implications for Africa's Development by Boaz Adhengo found at http://www.academia.edu/263543/DEBATING TERRORISMO GLOBALE Implicazioni etiche per lo sviluppo dell'Africa

[12] Moises Naim "Le cinque guerre della globalizzazione", reperibile su http://users.clas.ufl.edu/zselden/Course%20Readings/Naim.pdf.

[13] Aditi Malhotra "Globalisation and the IllicitTrade of Small Arms and Light Weapons" (La globalizzazione e il commercio illegale di armi leggere e di piccolo calibro) si trova all'indirizzo

http://www.eurasiareview.com/15012011-globalisation-and-the-illicit-trade-of-small-arms-and-light-weapons/

[14] Relazioni internazionali 10th Edition by Joshua S. Goldstein and Jon C. Pevehouse found at http://www.academia.edu/8972746/International Relations 2013

Aggiornamento 2014 10a edizione di Joshua S. Goldstein Jon C. Pevehouse

[15] Op Cit

questi[16] .

Nel giugno 2014, i rappresentanti di tutti gli Stati membri delle Nazioni Unite (ONU) si sono riuniti a New York in occasione della Riunione biennale degli Stati per esaminare l'attuazione del Programma d'azione (POA) del 2001 sul commercio illegale di armi leggere e di piccolo calibro. Il programma è stato avviato nel luglio 2001 per sradicare il crescente commercio illegale di armi leggere e di piccolo calibro (SALW) e per aiutare i Paesi a combattere questo pernicioso problema[17] . Tuttavia, ci sono numerose aree che rimangono ancora estremamente difficili da affrontare.

L'integrazione globale ha favorito la migrazione umana, aiutando così i trafficanti d'armi a rafforzare i loro attuali legami commerciali e a sfruttarne di nuovi migrando in varie regioni, motivati dall'espansione degli affari o dalla riduzione dei rischi operativi[18] . In caso di arresto, i trafficanti di armi si recano in paesi in cui non è possibile ottenere l'estradizione. È stato riferito che un uomo di nome Abu Salem, un criminale della malavita indiana, che oltre ad avere una lunga fedina penale, era coinvolto nella fornitura di armi illegali per gli attentati dinamitardi del 1993 in India[19] ; per sfuggire all'arresto, è partito per il Portogallo. Dopo tre anni di controversie legali, le autorità indiane sono riuscite a estradare Abu Salem da Lisbona, in Portogallo. In seguito a questo caso, l'India e il Portogallo hanno firmato un trattato di estradizione nel 2007[20] .

Inoltre, le riforme bancarie e la mobilità dei capitali hanno aiutato il mercato nero a diffondere il suo commercio a livello internazionale, utilizzando ogni angolo del mercato finanziario ben collegato che dà origine a mercati offshore e rifugi fiscali[21] . Il collegamento delle banche con Internet ha posto una nuova sfida nella lotta alle attività illegali nel settore finanziario. L'Ebanking ha digitalizzato il denaro rendendolo incline alla criminalità. Anche se presenta numerosi vantaggi per il mondo in generale, viene utilizzato impropriamente per il riciclaggio di denaro, le truffe con le carte di credito e il check-kiting[22] . Inoltre, l'integrazione economica tra le regioni offre ai broker di armi maggiori opportunità di mettere al riparo il proprio denaro, investendo in borse valori diverse. Numerose altre pratiche illegali sono un

---

[16] Op Cit

[17] Programma d'azione delle Nazioni Unite sulle armi leggere e di piccolo calibro, consultabile su http://www.un-arm.org/BMS5/.

[18] Op Cit (AditiMalhotra)

[19] Op Cit

[20] Tempi indiani trovati su http://www.outlookindia.com/newswire/story/india-portugal-sign-extradition-treaty/443031

[21] Op Cit

[22] Op Cit

sottoprodotto di un settore finanziario deregolamentato, ma il riciclaggio di denaro è all'apice.

Inoltre, la profonda espansione delle compagnie aeree commerciali e dell'industria del trasporto merci (che rende il trasporto più economico e più facile) contribuisce ad aumentare la penetrazione delle armi nelle zone di conflitto. La fusione globale delle compagnie aeree, delle catene di approvvigionamento e delle imprese di spedizione rende difficile la supervisione delle pratiche illegali nel trasporto aereo e marittimo[23] .

Sebbene la crescita della comunicazione globale negli ultimi due decenni sia stata insondabile, ha migliorato la capacità dei trafficanti d'armi di comunicare a livello internazionale attraverso il web a basso costo. I trafficanti di armi utilizzano telefoni cellulari "clonati" e reti a banda larga non protette per superare ogni possibilità di essere rintracciati. I telefoni satellitari sono un'opzione nelle aree remote dove non è possibile utilizzare altri mezzi, fornendo un canale di contatto ininterrotto e raggiungendo[24] .

1.2 Traffico illecito di armi da fuoco in Africa occidentale e Nigeria

L'Africa occidentale è composta da 16 Stati e gli Stati regionali differiscono per dimensioni territoriali, storia coloniale, forza economica, coesione interna e legami esterni[25] . Si differenziano anche per dimensioni della popolazione, livelli di sviluppo, fasi di costruzione dello Stato e natura delle risorse. Devono affrontare diversi livelli di sicurezza, governance e sfide allo sviluppo che li hanno resi poveri nonostante la grande disponibilità di risorse naturali[26] .

Sebbene gli Stati dell'Africa occidentale abbiano ottenuto l'indipendenza politica prima di qualsiasi altra regione dell'Africa coloniale, tutti condividono una caratteristica comune di molteplici livelli di insicurezza, associati a conflitti e crimini a livello comunitario e nazionale, spesso transfrontalieri e con ramificazioni regionali[27] . Minacce come il terrorismo, il traffico di droga, il bunkeraggio illegale di petrolio, la pirateria e il traffico di armi hanno acquisito una preoccupante dimensione transnazionale e questi crimini sono emersi come formidabili minacce per la società umana e stanno assumendo un'importanza singolare in termini di impegni nazionali, regionali e internazionali[28] .

---

[23] Op Cit

[24] Op Cit

[25]Terrorismo e criminalità organizzata transnazionale in Africa Occidentale, di Freedom C. Onuoha e Gerald E. Ezirim, disponibile su

http://studies.aljazeera.net/ResourceGallery/media/Documents/2013/6/24/2013624105836126734Terrorism%20and%20Transnationa
l%20Crimine%20organizzato%20in%20Ovest%2QAfrica.pdf

[26] Ibidem

[27] Op Cit

[28] Op Cit

La proliferazione delle SALW e il loro traffico in Nigeria e in Africa hanno rappresentato una grave minaccia per la pace, la sicurezza e lo sviluppo del continente in generale. Sebbene non siano di per sé la causa dei conflitti e delle attività criminali in cui sono utilizzate, l'ampia disponibilità, l'accumulo e il loro traffico illecito tendono a inasprire i conflitti, a minare la pace e gli accordi, a intensificare la violenza e l'impatto sulla criminalità, a impedire lo sviluppo economico e sociale e a ostacolare lo sviluppo della stabilità sociale, della democrazia e del buon governo[29].

Le SALW stanno minando sempre più la pace e la sicurezza in Africa occidentale. Dei circa 500 milioni di armi illegali in circolazione nel mondo nel 2004, si stima che circa 100 milioni si trovino nell'Africa subsahariana, con otto-dieci milioni concentrati nella sottoregione dell'Africa occidentale[30].

Una fonte innegabile di queste armi illegali deriva dal problema del racket nero, che significa **ottenere o estorcere denaro illegalmente o svolgere attività commerciali illegali, di solito da parte della criminalità organizzata[31]**. Una buona parte delle armi da fuoco illegali è costituita da perdite di membri delle forze armate e della polizia, sia in servizio che in pensione. Questo include i resti della guerra civile nigeriana e le perdite dei rimpatriati dalle operazioni di mantenimento della pace[32].

La crescente audacia del Boko Haram nigeriano è uno dei tanti sviluppi che hanno reso l'Africa occidentale una regione sempre più preoccupante dal punto di vista del terrorismo, dopo la rivolta antigovernativa del luglio 2009 che ha attirato l'attenzione di tutto il mondo[33]. I membri di Boko Haram hanno intensificato gli attacchi prendendo di mira soprattutto le agenzie di sicurezza e le forze dell'ordine, oltre ai civili, alle infrastrutture pubbliche, ai leader comunitari o religiosi, ai luoghi di culto, ai mercati e ai media, tra gli altri. Le sue tattiche includono l'uso di ordigni esplosivi improvvisati, omicidi mirati, sparatorie e attentati suicidi. Si stima che gli attacchi siano costati più di 6.000 vite dal 2009, compresi i morti causati dalle forze di sicurezza. L'attentato del 26th agosto 2011 alla sede delle Nazioni Unite ad Abuja, che ha causato 23 morti, è stata una prova devastante che il gruppo mira a internazionalizzare i suoi atti di terrore[34].

---

[29] La gestione dei conflitti etnici in Africa: A comparative Case Study of Nigeria and South Africa by Emmy Godwin Irobi Found at http://www.beyondintractability.org/casestudy/irobi-ethnic

[30] La moratoria dell'ECOWAS sulle armi leggere e di piccolo calibro di Alhaji MS Bah

[31] Dizionario giuridico dei neri

[32] Governo federale della Nigeria, "Valutazione strategica dei conflitti: Consolidated and Zonal Reports", (Abuja: Institute for Peace and Conflict Resolution, 2003), pag. 21.

[33] Op Cit

[34] Ibidem

L'ascesa di Ansaru, abbreviazione di un nome che si traduce approssimativamente come "Avanguardie per la protezione dei musulmani nell'Africa nera", ha rivendicato la responsabilità di vari atti di terrorismo in Nigeria, come l'attacco armato del novembre 2012 a un centro di detenzione ad Abuja, l'imboscata del gennaio 2013 ai soldati nigeriani diretti in Mali nello Stato di Kogi e il rapimento del febbraio 2013 dei 7 espatriati stranieri nello Stato di Bauchi[35] .

A causa dell'inefficacia dei sistemi di sicurezza, della porosità dei confini e della crescente domanda di armi da parte di criminali e militanti, i cartelli specializzati nel traffico di armi hanno escogitato metodi per nascondere e trafficare comodamente le armi attraverso i confini dell'Africa occidentale. I recenti attacchi alle banche in Nigeria spiegano ulteriormente quanto decadenti siano diventati i sistemi di sicurezza negli ultimi anni. Solo nel 2011 sono stati attaccati circa 100 impianti bancari e oltre 30 di questi sono stati attribuiti a Boko Haram[36] .

Questi eventi sono anche legati al furto di petrolio (un'altra area a sé stante) che rappresenta una minaccia crescente per la sicurezza dell'ambiente marino al largo delle coste dell'Africa occidentale. Si ipotizza sempre più spesso un possibile legame tra la pirateria nel Golfo di Guinea e il finanziamento di gruppi islamisti regionali come Al-Qaeda, Boko Haram e altri. Si pensa che alcuni dei milioni pagati alle bande petrolifere siano finiti ai ribelli islamisti legati ad Al-Qaeda nella Nigeria del Nord[37] .

La catena di approvvigionamento delle merci che trasporta i prodotti che mangiamo, indossiamo, guidiamo e utilizziamo quotidianamente è vulnerabile alla penetrazione e all'accesso non autorizzato da parte di elementi criminali e terroristici. Ladri di merci, clandestini, pirati, trafficanti di droga, trafficanti di armi e terroristi tentano costantemente di negare, aggirare o manipolare le misure di sicurezza progettate per proteggere le merci nella catena di approvvigionamento. La catena di approvvigionamento è costituita da vari "anelli" che possono estendersi in tutto il mondo e attraversare diversi Paesi.

Ogni entità che costituisce un anello della catena di fornitura del carico - produttori, magazzini, vettori, NVOCC[38] , broker o importatori - è un potenziale obiettivo per i terroristi e i trafficanti di armi[39] . Le organizzazioni terroristiche potrebbero utilizzare la rete commerciale globale per trasportare o consegnare armi a una destinazione o a un Paese

---

[35] ibidem

[36] Teoria di classe del terrorismo: Uno studio sull'insurrezione di Boko Haram in Nigeria

[37] Pirateria e sicurezza marittima nel Golfo di Guinea: tendenze, preoccupazioni e proposte di F. Onuoha. Dottorato di ricerca

[38] Vettori comuni non operanti su navi, come ad esempio gli spedizionieri.

[39] La protezione delle dogane e delle frontiere degli Stati Uniti è stata trovata su http://www.cbp.gov/.

obiettivo attraverso il carico o un container. I terroristi potrebbero voler penetrare o eludere i controlli di sicurezza di un'azienda allo scopo di collocare un dispositivo all'interno del carico dell'azienda e, in alcuni casi, il carico dei terroristi potrebbe in realtà essere un

"terrorista" che utilizza il carico, il container o il trasporto come mezzo per entrare nel Paese di interesse. I terroristi possono anche avere l'intenzione di "contaminare" il carico con un agente biologico o chimico o un veleno allo scopo di causare danni a persone innocenti che maneggiano il prodotto o al consumatore finale o di provocare un panico diffuso[40].

Due casi prolifici: uno che riguarda l'inquinamento dell'uva cilena e l'altro che ha preso di mira i prodotti Tylenol, verificatisi nel 2009, ne sono un esempio. Questi casi sono costati alle aziende decine di milioni di dollari e hanno cambiato il modo in cui la maggior parte dei farmaci e molti prodotti alimentari vengono confezionati e spediti. I porti, le linee di navigazione e l'intera catena di approvvigionamento dei prodotti sarebbero probabilmente chiusi a tempo indeterminato e molte persone potrebbero perdere la vita[41].

Si sostiene che i porti sono in genere pericolosamente esposti alla vulnerabilità di attacchi bellici, criminali e terroristici quando non vengono adottate misure di sicurezza. Per la sua stessa natura di rete di trasporto complessa, internazionale e aperta, l'impianto portuale pone diverse sfide aggiuntive dal punto di vista della sicurezza. Una di queste è il fattore di rischio associato al trasporto marittimo. Si stima che il 90% delle merci non sfuse del mondo viaggi in container marittimi. Queste scatole standardizzate hanno rivoluzionato il trasporto di merci via mare sin dalla loro prima apparizione negli anni '50 e hanno dato vita a una moltitudine di vettori specializzati su strada e su rotaia che comprende una flotta di oltre 2700 navi portacontainer modulari e una rete globale di oltre 430 strutture portuali di movimentazione altamente automatizzate. Secondo un rapporto del marzo 2007, nel 2006 il traffico marittimo mondiale di container è stato stimato in 417.000.000 di unità equivalenti a 20 piedi o TEU (cariche e vuote), ovvero il 10% in più rispetto ai 378 milioni di TEU trasportati nel 2005. Il potenziale costo diretto di un attacco terroristico al trasporto marittimo o alle infrastrutture marittime varia enormemente a seconda della portata dell'attacco, del suo obiettivo e della sua ubicazione[42].

Tutte queste operazioni illegittime abusano degli accordi di facilitazione del commercio globale, rappresentano una minaccia per la sicurezza della catena di approvvigionamento e mettono in discussione il commercio legittimo. Il flusso giornaliero dei porti marittimi varia

---

[40] Vulnerabilità nella catena di approvvigionamento dei carichi: Sicurezza marittima di Clifford R. Bragdon

[41] Ibidem

[42] Abuso di container commerciali per scopi illeciti - Rapporto dell'Organizzazione Mondiale delle Dogane

da alcune centinaia a circa 50.000 container e richiede un trattamento rapido. Una revisione completa da parte degli esperti di applicazione della legge di un solo container commerciale, tuttavia, richiede ore[43] .

È indiscutibile che le vie d'acqua e i porti marittimi abbiano fornito un rifugio per il traffico di armi attraverso navi e motoscafi in alto mare e l'uso di canoe nelle insenature. Lo scambio di greggio rubato con armi/munizioni è una ben nota "attività commerciale" alimentata e ferocemente protetta dai militanti o dai pirati del mare e dai loro finanziatori/collaboratori con la possibile connivenza di agenti delle forze dell'ordine senza scrupoli nella regione del Delta del Niger[44] . Si tratta di una delle principali fonti di armi e munizioni che rafforza la detenzione di armi e munizioni da parte dei militanti non solo nel Delta del Niger, ma anche nelle regioni del Sud-Est e del Sud-Ovest del Paese.

---

[43]Par3, Ibid

[44] Come Al-Qaeda e Boko Haram contrabbandano armi in Nigeria by Sagir Musa Found At http://www.vanguardngr.com/2013/Q5/how-al-qaeda-boko-haram-smuggle-arms-into-nigeria/

CAPITOLO 2

SFORZI INTERNAZIONALI PER REPRIMERE IL TRAFFICO ILLECITO DI ARMI DA FUOCO

2.1 Quadri giuridici internazionali che regolano la proliferazione delle SALW

La responsabilità giuridica e gli obblighi di diligenza imposti dal diritto internazionale dei diritti umani in relazione alle SALW comportano l'istituzione di un quadro normativo efficace per le SALW e di un meccanismo di applicazione efficace che segua le linee guida internazionali. La Nigeria ha ratificato alcuni strumenti internazionali e regionali di riferimento per la regolamentazione delle SALW; pertanto, è moralmente o giuridicamente vincolata da essi a seconda dello status giuridico dello strumento che incarna tali norme[45].

Uno dei primi sforzi internazionali per affrontare la proliferazione delle SALW è il ***Programma d'azione delle Nazioni Unite (UNPoA).*** Come si legge nel suo preambolo, il *Programma d'azione delle Nazioni Unite* cerca di affrontare la diffusione incontrollata delle SALW, che ha "un'ampia gamma di conseguenze umanitarie e socio-economiche e rappresenta una grave minaccia per la pace, la riconciliazione, la sicurezza, la stabilità e lo sviluppo sostenibile". L'articolo II, paragrafo 2, incarica gli Stati nazionali di mettere in atto "leggi, regolamenti e procedure amministrative adeguate per esercitare un controllo efficace ... sull'esportazione, l'importazione e il transito di armi leggere". Tuttavia, lo strumento non specifica cosa si intenda per "leggi adeguate" o "controllo efficace". Inoltre, non ha una forza giuridicamente vincolante. Ciononostante, esso costituisce il parametro di riferimento internazionale fondamentale per determinare l'adeguatezza di qualsiasi legislazione nazionale in materia di regolamentazione delle SALW.

Lo ***"Strumento internazionale per consentire agli Stati di identificare e rintracciare le armi leggere e di piccolo calibro illegali" è stato approvato dalla Commissione Europea.***

Armi" è anche un importante documento di definizione degli standard, a prescindere dal suo status non vincolante[46]. È stato adottato riconoscendo che il rintracciamento è un meccanismo chiave nello sforzo di prevenire, combattere e sradicare le SALW illegali[47]. Esso è inteso ad aiutare gli Stati a stabilire un meccanismo per facilitare l'identificazione e il rintracciamento delle SALW illecite[48].

A livello regionale africano, l'iniziativa più importante per il controllo delle SALW è la

---

[45] La Nigeria può essere guidata da questi strumenti, siano essi vincolanti o meno. Tuttavia, quando hanno forza vincolante, sono ancora soggetti all'addomesticamento, come previsto dalla sezione 12 della Costituzione del 1999, prima di poter entrare in vigore.

[46] Disponibile su:*http://www.poa-iss.org/InternationalTracing/ITI_English.pdf*

[47] Si veda il Preambolo.

[48] Articolo 1.

Dichiarazione di Bamako sulla proliferazione, la circolazione e il traffico illeciti di armi leggere e di piccolo calibro[49] . La *Dichiarazione di Bamako* è uno strumento politicamente vincolante che adotta un approccio africano comune per combattere la proliferazione, la circolazione e il traffico illeciti di SALW. Il paragrafo 3A della *Dichiarazione* invita i Paesi membri a istituire regimi giuridici specifici con strutture e procedure specifiche per affrontare il problema delle SALW a livello nazionale e regionale. Incoraggia, *tra l'altro*, il rafforzamento delle capacità delle agenzie e dei funzionari nazionali preposti all'applicazione della legge e alla sicurezza.

È a livello subregionale della Comunità economica degli Stati dell'Africa occidentale (ECOWAS) che alla Nigeria sono stati imposti obblighi giuridicamente vincolanti per affrontare la proliferazione delle SALW. L'approccio dell'ECOWAS deriva dall'articolo 58 del Trattato riveduto dell'ECOWAS del 1999[50] . L'articolo 58 impone agli Stati membri di "adoperarsi per salvaguardare e consolidare le relazioni che favoriscono il mantenimento della pace, della stabilità e della sicurezza nella regione" e di istituire "e rafforzare i meccanismi appropriati per la tempestiva prevenzione e risoluzione dei conflitti".

L'attuale strumento di punta sulla proliferazione delle SALW nella sottoregione ECOWAS è la Convenzione ECOWAS stessa. *Essa ha* sostituito la moratoria dell'ECOWAS[51] , che è limitata nel tempo e non ha forza vincolante[52] (è stata adottata a causa dell'effetto destabilizzante della proliferazione delle armi nella regione e della sua minaccia alla pace e alla sicurezza[53]). La Convenzione affronta le questioni relative alla fabbricazione, allo stoccaggio, al rintracciamento, alla marcatura, all'intermediazione e al trasferimento di SALW nell'Africa occidentale. Istituisce la Commissione nazionale per coordinare la lotta contro la proliferazione delle SALW illecite a livello nazionale[54] . Prevede inoltre il divieto, senza eccezioni, di trasferire armi ad attori non statali senza l'approvazione del Paese importatore[55] . Sono previste misure volte a ridurre il numero di armi già accumulate

---

[49] *La Dichiarazione di Bamako*, adottata dalla Conferenza ministeriale degli Stati membri della defunta Organizzazione dell'Unità Africana (OUA) il 1° dicembre 2000.

[50] Si veda il *Trattato riveduto della Comunità economica degli Stati dell'Africa occidentale* (ECOWAS), 24 luglio 1993, disponibile all'indirizzo: *http://www.unhcr.org/refworld/docid/492182d92.html*.

[51] La moratoria è stata firmata il 31 ottobre 1998, in occasione della 21a sessione ordinaria dell'Autorità dei capi di Stato e di governo degli Stati membri dell'ECOWAS, tenutasi ad Abuja, in Nigeria, nell'ottobre 1998.

[52] Si veda l'articolo dillhan Berkol: "An Analysis ofthe ECOWAS Convention on Small Arms and Light Weapons Recommendations for the Development of an Action Plan": *Note d'Analyse du GRIP*", 1 aprile 2007, Bruxelles; disponibile all'indirizzo: *http://www.grip.org/bdg/g1071en.pdf*.

[53] Si veda il preambolo della moratoria.

[54] Ayisi e Sall (eds.),

[55] Si veda il Capitolo II della Convenzione.

all'interno della regione, nonché misure preventive quali la raccolta e la distruzione delle armi in eccesso[56] , la sensibilizzazione del pubblico[57] e disposizioni in materia di trasparenza e scambio di informazioni[58] .

Attualmente, l'unico strumento giuridico in Nigeria che regolamenta le armi da fuoco è la *legge sulle armi da fuoco*, che definisce il termine "armi da fuoco" in modo da coprire il genere di armi contemplato dalla definizione di SALW ai sensi della Convenzione; è anche in linea con la definizione di "armi da fuoco" ai sensi del Protocollo UNODC sulle armi da fuoco. Le armi da fuoco rientrano nella lista legislativa esclusiva della Costituzione *del 1999, il che* implica che solo il Governo federale può legiferare in merito alla loro regolamentazione[59] .

La *legge sulle armi da fuoco* è la principale normativa nazionale che regola le SALW. Altre leggi sono la legge sulla rapina e sulle armi da fuoco (disposizioni speciali)[60] , la legge sulla Defence Industries Corporation of Nigeria (esclusione dell'armamento delle forze armate)[61] , la legge sul codice penale[62] e il codice penale. *Le* principali istituzioni che applicano o implementano queste disposizioni sono il National Committee on the Proliferation of Arms (NATCOM[63]), i tribunali e la polizia.

2.2 Il fattore "criminalità organizzata transnazionale

La criminalità organizzata transnazionale si riferisce a crimini che non solo sono internazionali (crimini che attraversano i confini tra i Paesi), ma sono crimini che per natura implicano l'attraversamento dei confini come parte essenziale dell'attività criminale. Comprendono anche i crimini che hanno luogo in un Paese, ma le cui conseguenze si ripercuotono in modo significativo in un altro Stato[64] .

La criminalità organizzata transnazionale, per definizione, coinvolge persone in più di un

---

[56] Articolo 16ibid.

[57] Articolo 17 ibidem.

[58] Articoli 8-11 ibidem

[59] Parte II della Costituzione della Repubblica Federale della Nigeria del 1999 (e successive modifiche).

[60] Cap. 398 Leggi della Federazione della Nigeria 1990. Cap. R11 Leggi della Federazione della Nigeria 2004 (e successive modifiche)

[61] Una legge del Parlamento del 1964

[62] Capitolo 77, Leggi della Federazione della Nigeria, 1990.

[63] NATCOM è l'acronimo di National Committee on the Proliferation and IllicitTrafficking in Small Arms and Light Weapons, inaugurato nel 2001.

[64] Convenzione delle Nazioni Unite contro la criminalità organizzata transnazionale

paese che mantengono un sistema operativo e di comunicazione sufficientemente efficace per eseguire transazioni criminali, a volte ripetutamente[65] .

Secondo Krause, il commercio occulto di armi coinvolge tre sistemi: i mercati neri[66] , gli accordi segreti "da governo a governo" e la sponsorizzazione di gruppi sub-statali. Quest'ultima categoria di solito si basa sul sostegno simpatico di un governo straniero, anche se non è rara l'assistenza privata di commercianti di armi o di gruppi di interesse altruisti. Le stime sulle dimensioni di questo commercio variano da 2 miliardi di dollari in un anno di magra a 10 miliardi di dollari in un anno di profitto[67] .

Le attività dei trafficanti di armi si estendono ad altre organizzazioni criminali transnazionali (TCO), come i trafficanti di droga e di esseri umani, i contrabbandieri, i terroristi, le mafie, ecc. Per esempio, i membri di Al Qaeda provengono da numerosi Paesi, con passaporti e identità falsi per sicurezza e facilità di funzionamento. Le loro armi appartengono a mercati neri o grigi che vanno dall'Afghanistan, al Pakistan nord-occidentale, all'Uzbekistan, all'America Latina, ecc. Alcune armi sono state sottratte dall'ISI durante la guerra sovietico-afghana. Inoltre, fanno affidamento anche sui profitti derivanti dal traffico di droga proveniente dall'Afghanistan[68] .

Chiaramente, la proliferazione delle SALW è in parte una risposta alla domanda di sicurezza personale, perché i meccanismi di sicurezza dello Stato sono visti sull'orlo del collasso. È anche evidente che la disponibilità diffusa di armi accelera e valorizza le tendenze disfunzionali. Krause ha affermato che in alcune parti dell'Africa occidentale, l'assenza di governi funzionali e attenti ha portato alla diffusione dell'illegalità e della violenza criminale[69] . Queste armi sono finite nuovamente nelle mani dei civili a causa della disgregazione della struttura statale, del lassismo del controllo sulle armerie nazionali e delle scarse condizioni di servizio del personale di sicurezza[70] .

I Paesi in via di sviluppo con uno Stato di diritto debole possono essere particolarmente suscettibili alla penetrazione delle TOC. La penetrazione delle TOC negli Stati si sta

---

[65] Criminalità organizzata in Africa occidentale: Options for EU Engagement di Kwesi Aning (Capo del Dipartimento di Prevenzione e Risoluzione dei Conflitti del Kofi Anan International Peace KeepingTraining Centrem Accra, Ghana) reperibile su http://www.idea.int/resources/analysis/loader.cfm?csmodule=security/getfile&pageid=37849.

[66] Traffico o commercio illegale di armi e munizioni illecite.

[67] Proliferazione delle armi leggere e terrorismo transfrontaliero: A case Study on Nigeria by O Ogungbemi Foundat http://www.academia.edu/3146661/SMALL ARMS LIGHT WEAPONS PROLIFERATIONS AND TRANSBORDER TERRORISM A CASE S TUDY ON NIGERIA

[68] Ibidem

[69] Op. cit.

[70] Op Cit

approfondendo, portando alla cooptazione in alcuni casi e all'ulteriore indebolimento della governance in molti altri. L'apparente crescente legame in alcuni Stati tra gruppi TOC ed elementi del governo, compresi i servizi di intelligence e figure imprenditoriali di alto livello, rappresenta una minaccia significativa alla crescita economica e alle istituzioni democratiche[71] .

Nei Paesi con una governance debole, le reti TOC si insinuano nel processo politico in vari modi. Ciò avviene spesso attraverso la corruzione diretta (ma anche facendo candidare i propri membri), la creazione di economie ombra, l'infiltrazione nei settori finanziario e della sicurezza attraverso la coercizione o la corruzione e il posizionamento come fornitori alternativi di governance, sicurezza, servizi e mezzi di sussistenza. Espandendosi, le reti TOC possono minacciare la stabilità e minare il libero mercato, poiché costruiscono alleanze con leader politici, istituzioni finanziarie, forze dell'ordine, intelligence straniera e agenzie di sicurezza. La penetrazione delle TOC mina la governance, lo Stato di diritto, i sistemi giudiziari, la libertà di stampa, la costruzione di istituzioni democratiche e la trasparenza. I recenti eventi in Somalia hanno dimostrato come il controllo criminale del territorio e i riscatti della pirateria generino ingenti somme di denaro illecito e favoriscano la diffusione dell'instabilità governativa.

Le reti criminali e i commercianti di armi illegali svolgono anche un ruolo importante nei mercati neri da cui i terroristi e i trafficanti di droga si procurano alcune delle loro armi. Come si legge nel dettaglio, "il valore del commercio globale autorizzato di armi da fuoco è stato stimato in circa 1,58 miliardi di dollari nel 2006, con transazioni non registrate ma lecite che costituiscono altri 100 milioni di dollari circa. La stima più comunemente citata per le dimensioni del mercato illecito è del 10%-20% del mercato lecito[72] ".

Secondo il capo dell'UNODC[73] , queste "armi illegali alimentano la violenza che mina la sicurezza, lo sviluppo e la giustizia" in tutto il mondo. Solo nell'ultimo anno, le forze dell'ordine federali degli Stati Uniti hanno intercettato un gran numero di armi o articoli correlati che dai Paesi africani venivano contrabbandati in Cina, Russia, Messico, Filippine, Somalia, Turkmenistan e Yemen.

L'Africa occidentale è diventata un importante punto di transito per il traffico illegale di armi

---

[71] Agenda-1 di Dheeru Singh Trovata su http://www.academia.edu/10295994/AGENDA I

[72] Il rapporto 2010 dell'UNODC su "La globalizzazione del crimine".

[73] Yury Fedotov

verso l'Europa e per l'Asia sud-occidentale verso gli Stati Uniti[74] . Il TOC esacerba la corruzione e mina lo stato di diritto, i processi democratici e le pratiche commerciali trasparenti in diversi Stati dell'Africa occidentale che già soffrono di istituzioni deboli. A causa della mancanza di capacità di applicazione della legge, della suscettibilità alla corruzione, della porosità dei confini e della posizione strategica, la maggior parte dei Paesi africani rimane un punto di snodo del traffico di armi.

2.3 L'UNODC

L'Ufficio delle Nazioni Unite contro la Droga e il Crimine (UNODC) è nato dal **Programma Globale sulle Armi da Fuoco** delle Nazioni Unite ed è stato istituito nel 1997 come ufficio per il controllo delle droghe e la prevenzione del crimine, combinando il Programma Internazionale delle Nazioni Unite per il Controllo delle Droghe (UNDCP) e la Divisione per la Prevenzione del Crimine e la Giustizia Penale dell'Ufficio delle Nazioni Unite di Vienna[75] . È diventato membro dell'Ufficio delle Nazioni Unite di Vienna[76] ed è stato rinominato Ufficio delle Nazioni Unite contro la droga e il crimine nel 2002[77] .

L'Ufficio si propone di assistere gli Stati a lungo termine nella gestione dei crimini legati alla droga, al terrorismo e alla corruzione. L'Ufficio si concentra inoltre sulla massimizzazione della conoscenza di questi temi da parte delle istituzioni e delle agenzie governative e sulla sensibilizzazione dell'opinione pubblica a livello globale, nazionale e locale. L'Ufficio si propone di costruire sistemi e strumenti di giustizia penale adeguati per rispondere efficacemente alle sfide poste dalla criminalità organizzata. L'Ufficio incorpora il Segretariato dell'International Narcotics Control Board (INCB) e il ramo di prevenzione del terrorismo dell'Ufficio delle Nazioni Unite contro la droga e il crimine (UNODC)[78] .

L'UNODC è stato inoltre istituito per assistere le Nazioni Unite nell'affrontare e coordinare meglio una risposta globale alle questioni interconnesse del traffico illecito e dell'abuso di droga, della prevenzione del crimine e della giustizia penale, del terrorismo internazionale e della corruzione politica. Questi obiettivi sono perseguiti attraverso tre funzioni primarie: ricerca, orientamento e sostegno ai governi nell'adozione e nell'attuazione di varie

---

[74] Consiglio di Sicurezza Nazionale, Casa Bianca USA "TOC:Una minaccia crescente alla sicurezza nazionale e internazionale

[75] Sessione 51 dell'Assemblea generale delle Nazioni Unite Documento 950. Rinnovare le Nazioni Unite; un programma di riforma A/51/950 pagina 49.

14th luglio 1997. Recuperato il 2007-11-16

[76] Membri dell'UNDG, UNDG.

[77] Segretariato delle Nazioni Unite, Bollettino del Segretario Generale. Organizzazione dell'Ufficio delle Nazioni Unite per le droghe e il crimine ST/SGB/2004/6 pag. 1. 15th marzo 2004. Recuperato il 2007-11-16

[78] Ufficio delle Nazioni Unite contro la droga e il crimine (UNODC) 2014. Recuperato il 2014-10-28.

convenzioni, trattati e protocolli relativi al crimine, alla droga, al terrorismo e alla corruzione, nonché assistenza tecnica/finanziaria a tali governi per affrontare le rispettive situazioni e sfide in questi campi[79] .I temi principali di cui si occupa l'UNODC sono: sviluppo alternativo, corruzione, giustizia penale, riforme carcerarie e prevenzione del crimine, prevenzione-trattamento e cura delle droghe, trattamento dell'HIV e dell'AIDS, traffico di esseri umani e contrabbando di migranti, riciclaggio di denaro, criminalità organizzata, pirateria, prevenzione del terrorismo e simili.

Dalla sua fondazione, l'UNODC ha elaborato sei trattati. Tra i trattati relativi alla criminalità, vi sono la Convenzione delle Nazioni Unite contro la criminalità organizzata transnazionale e la Convenzione delle Nazioni Unite contro la corruzione. La seconda categoria riguarda i trattati sulle droghe illecite e il loro abuso/traffico, che comprendono la Convenzione unica sugli stupefacenti del 1961, modificata dal Protocollo del 1972, la Convenzione sulle sostanze psicotrope del 1971 e la Convenzione delle Nazioni Unite contro il traffico illecito di stupefacenti e sostanze psicotrope del 1988. L'ultima categoria è quella dei trattati relativi al terrorismo, che comprende solo le Convenzioni e i Protocolli internazionali[80] .

Ai fini del presente lavoro, verrà discussa la Convenzione contro la criminalità organizzata transnazionale, con particolare attenzione al Protocollo contro la fabbricazione e il traffico illeciti di armi da fuoco, loro parti, componenti e munizioni.

2.4 La Convenzione contro la criminalità organizzata transnazionale

L'Ufficio delle Nazioni Unite contro la droga e il crimine ha identificato una serie di crimini emergenti che sono collegati su base internazionale. I crimini identificati includono la criminalità informatica, i crimini legati all'identità, il traffico di beni culturali, i crimini ambientali, la pirateria, il traffico di organi e il traffico di droga[81] . L'Ufficio ha quindi formato una Conferenza che ha deciso di creare una convenzione chiamata Convenzione delle Nazioni Unite sulla criminalità organizzata transnazionale (UNTOC)[82] che è entrata in vigore il 15th novembre 2001 con 169 Stati membri come parti della convenzione, compresa l'Unione Europea.

---

[79] Rafforzare lo Stato di diritto è la "CHIAVE" per sbloccare gli Obiettivi di Sviluppo del Millennio (Presentazione di Antonio Maria Costa, Direttore Esecutivo dell'Ufficio delle Nazioni Unite contro la Droga e il Crimine), vista su http://www.un.org/press/en/2008/gashc3916.doc.htm.

[80] https://www.unodc.org/unodc/en/treaties/index.html?ref=menuside

[81] https://www.unodc.org/unodc/en/organized-crime/emerging-crimes.html

[82] Convenzione delle Nazioni Unite contro la criminalità organizzata transnazionale (UNTOC/CATOC), Palermo, 31st maggio 2001, 114 Ratifiche (2001)

Ai sensi dell'articolo 32 dell'UNTOC[83] , è stata istituita una conferenza delle parti della convenzione per migliorare la capacità degli Stati parte di combattere il crimine organizzato transnazionale e per promuovere e rivedere l'attuazione della convenzione.

L'UNTOC è la Convenzione madre di tre Protocolli, ovvero

- Protocollo per prevenire, reprimere e punire la tratta di persone, in particolare di donne e bambini (ratificato da 169 Stati membri).

- Protocollo contro il traffico di migranti per via terrestre, marittima e aerea (ratificato da 142 Stati membri)

- Protocollo contro la fabbricazione e il traffico illeciti di armi da fuoco, loro parti e componenti e munizioni[84] (ratificato da 114 Stati membri), entrato in vigore il 31st maggio 2001.

L'articolo 1 dell'UNTOC stabilisce che i Protocolli devono essere interpretati insieme alla Convenzione e prevede quanto segue:

1. *Il presente Protocollo integra la Convenzione delle Nazioni Unite sulla criminalità organizzata transnazionale. Esso deve essere interpretato insieme alla Convenzione[85] .*

2. *Le disposizioni della Convenzione si applicano, mutatis mutandis, al presente Protocollo, a meno che non sia previsto diversamente.*

3. *I reati stabiliti in conformità all'articolo 5, paragrafo 6, del presente Protocollo saranno considerati come reati stabiliti in conformità alla Convenzione.[86]*

La Convenzione non fornisce una definizione esplicita di "gruppo criminale organizzato", ma l'articolo 2(a)[87] lo definisce come:

a) *Un gruppo di tre o più persone non formato in modo casuale*

b) *Esistente per un periodo di tempo*

c) *Agire di concerto allo scopo di commettere almeno un reato punibile con almeno quattro anni di reclusione.*

d) *al fine di ottenere, direttamente o indirettamente, un vantaggio finanziario o di altro tipo.*

Va notato che le vere caratteristiche che definiscono i gruppi di criminalità organizzata ai sensi della Convenzione sono la loro natura orientata al profitto e la gravità dei reati

---

[83] Articolo 32.1 È istituita una conferenza delle Parti della Convenzione per migliorare la capacità degli Stati Parte di combattere la criminalità organizzata transnazionale e per promuovere e riesaminare l'attuazione della presente Convenzione. 32.2 Il Segretario Generale delle Nazioni Unite convocherà la Conferenza delle Parti non oltre un anno dall'entrata in vigore della presente Convenzione. La Conferenza delle Parti adotterà il regolamento interno e le norme che disciplinano le attività di cui ai paragrafi 3 e 4 del presente articolo (comprese le norme relative al pagamento delle spese sostenute per lo svolgimento di tali attività).

[84] GA/RES/55/255

[85] Si veda inoltre l'articolo 37 (4) della CATOC.

[86] Si veda inoltre l'articolo 37, paragrafo 2. La ratifica dell'UNTOC è una condizione per diventare parte dei Protocolli.

[87] (CATOC)

commessi. Il termine "transnazionale" è ampio perché comprende non solo i reati commessi in più di uno Stato, ma anche quelli che hanno luogo in uno Stato ma sono pianificati o controllati in un altro. Sono inclusi anche i reati commessi in uno Stato da gruppi che operano in più di uno Stato e i reati commessi in Stati che hanno effetti sostanziali su altri Stati.

I reati previsti dall'articolo 5 (Partecipazione a un gruppo criminale organizzato), dall'articolo 6 (Riciclaggio dei proventi del crimine), dall'articolo 8 (Corruzione) e dall'articolo 23 (Intralcio alla giustizia) sono considerati reati gravi e devono essere punibili con una pena privativa della libertà massima di quattro anni o più[88]. I reati devono essere di natura transnazionale[89] e coinvolgere un gruppo criminale organizzato, come sopra indicato, ad eccezione dei reati di cui all'articolo 34 della Convenzione.
Ogni Stato membro ha l'obbligo fondamentale di criminalizzare determinati comportamenti con sanzioni penali efficaci che tengano conto della gravità del reato[90][91]. L'obbligo si applica indipendentemente dalla natura transnazionale del reato o dal coinvolgimento di una criminalità organizzata (con le eccezioni previste dall'articolo 5)[91].

La Convenzione prevede misure volte a monitorare, prevenire e combattere efficacemente i reati presupposto[92], disposizioni relative all'esercizio della giurisdizione[93], alla protezione e all'assistenza delle vittime e dei testimoni[94], alla cooperazione con le autorità[95], alla cooperazione internazionale[96] e uno standard di base per gli impegni minimi attesi dagli Stati membri[97].

I protocolli hanno stabilito obblighi aggiuntivi mirati alle specificità della tratta, come la

---

[88] Articolo 2 (b) della CATOC

[89] Articolo 3.2 del CATOC

[90] Articolo 11.1 e Articolo 10.4 del CATOC

[91] Articolo 34, paragrafo 2, della CATOC

[92] Articoli 7, 9, 22, 27 e 31 del CATOC

[93] Articolo 15 della CATOC

[94] Articoli 24 e 25 della CATOC

[95] Articolo 26 della CATOC

[96] Articoli 16, 18, 20, 29, 30 del CATOC

[97] Articolo 34.3 del CATOC

protezione delle vittime[98] o il contrabbando via mare[99] . Tra le altre cose, la Convenzione chiarisce che il rispetto del diritto internazionale del mare deve essere preso in considerazione[100] .

Per quanto riguarda la giurisdizione penale, l'articolo 15.1 prevede che:

"Ciascuno Stato Parte adotterà le misure necessarie per stabilire la propria giurisdizione sui reati stabiliti in conformità agli articoli 5, 6, 8 e 23 della presente convenzione quando:

A, il reato è commesso nel territorio di tale Stato Parte; oppure

B, il reato è commesso a bordo di una nave battente bandiera di quello Stato Parte o di un aeromobile registrato secondo le leggi di quello Stato Parte nel momento in cui viene commesso il reato".

La Convenzione conferisce inoltre agli Stati contraenti l'autorità di esercitare il principio della personalità passiva e attiva, in quanto i reati preparatori previsti dagli articoli 5 e 6, commessi all'estero al fine di commettere i crimini all'interno del territorio di uno Stato, possono essere puniti se e quando gli Stati contraenti inseriscono le disposizioni nelle loro leggi interne[101] . La definizione implicita di "crimine organizzato transnazionale" comprende quindi praticamente tutte le attività criminali gravi motivate dal profitto e con implicazioni internazionali. L'ampia definizione tiene conto della complessità globale del problema e consente la cooperazione sulla più ampia gamma possibile di questioni di buon senso[102] . La Convenzione contiene le seguenti caratteristiche uniche:

A. Prevenzione: La Convenzione richiede misure efficaci per promuovere l'integrità e prevenire la corruzione dei funzionari pubblici e chiede specificamente che le autorità pubbliche siano dotate di un'adeguata indipendenza per scoraggiare l'esercizio di un'influenza inappropriata sulle loro azioni.

B. Criminalizzazione: Parte del quadro internazionale delle convenzioni per affrontare il crimine organizzato transnazionale richiede che gli Stati contraenti criminalizzino la corruzione, concentrandosi in particolare sulla corruzione di funzionari pubblici[103] .

---

[98] Articolo 6 della CATOC

[99] Articolo 7 della CATOC

[100] Ibidem

[101] Articolo 15, paragrafi 2, 4 e 6, del CATOC.

[102] https://www.unodc.org/unodc/en/organized-crime/index.html

[103]Visti su http://archive.transparency.org/global-priorities/international convegni/convenzioni strumenti/untoc

C. Antiriciclaggio: L'UNTOC richiede anche la criminalizzazione del riciclaggio di denaro e l'istituzione di un regime nazionale di regolamentazione e supervisione per le banche e le altre istituzioni finanziarie per combattere il riciclaggio di denaro. Gli Stati sono inoltre chiamati a combattere la corruzione nel settore privato[104].

D. Cooperazione internazionale: Per raggiungere l'obiettivo di affrontare gli aspetti transfrontalieri della criminalità organizzata, l'UNTOC prevede un ampio quadro per l'assistenza legale reciproca, l'estradizione, la cooperazione nell'applicazione della legge e l'assistenza tecnica e la formazione. Questa cooperazione internazionale ha il potenziale per migliorare l'assistenza reciproca alle forze dell'ordine, in particolare per quanto riguarda l'estradizione e le indagini. Queste disposizioni costituiscono la base per le disposizioni sulla cooperazione internazionale contenute nella Convenzione delle Nazioni Unite contro la corruzione. Le disposizioni sono in gran parte obbligatorie e riguardano aspetti specifici della cooperazione tra forze dell'ordine, come l'estradizione, la raccolta e il trasferimento di prove, l'assistenza alle indagini e alle azioni penali. Esse prevedono che gli Stati parte prendano in considerazione negoziati congiunti, tecniche investigative speciali e il trasferimento di procedimenti penali[105].

La criminalità organizzata transnazionale richiede una risposta transnazionale. Poiché le attività e le reti criminali organizzate si estendono in tutto il mondo, anche gli sforzi per combatterle devono attraversare le frontiere, in modo da garantire che le reti criminali organizzate non si limitino a dirottare le loro attività verso Paesi o regioni in cui una debole cooperazione significa una debolezza dei sistemi di giustizia penale e delle risposte.

La cooperazione internazionale contro il crimine organizzato transnazionale dovrebbe essere concepita e utilizzata con urgenza come strumento per rafforzare la sovranità e la sicurezza, e non per rinunciarvi. Le disposizioni dell'UNTOC sull'assistenza legale reciproca (MLA), l'estradizione, il trasferimento dei detenuti condannati e la confisca dei beni ne fanno uno strumento pratico in questo settore.

Gli Stati possono utilizzare l'UNTOC per cooperare sia a livello informale che formale. La cooperazione informale può essere intrapresa in molti modi, ad esempio tra le autorità preposte all'applicazione della legge per condividere l'intelligence criminale, tra le autorità preposte alla protezione dei testimoni per cooperare nella protezione dei testimoni e tra le autorità preposte all'intelligence finanziaria per condividere le informazioni relative ai crimini

---

[104]Opcit pag. 20

[105] Opcit pag. 20

finanziari.

A livello formale, gli Stati parte possono utilizzare l'UNTOC per richiedere e rilasciare la LRD, l'estradizione, il congelamento e la confisca dei proventi di reati finanziari. Gli Stati parte possono anche utilizzarla, da sola o in combinazione con altri meccanismi, per integrare gli accordi bilaterali e multilaterali di MLA e di estradizione e per integrare gli accordi multilaterali tematici.[106]

2.5 Il Protocollo contro la fabbricazione e il traffico illeciti di armi da fuoco, loro parti e componenti e munizioni

Il Protocollo contro la fabbricazione e il traffico illeciti di armi da fuoco, loro parti e componenti e munizioni è stato adottato con la risoluzione 55/255 dell'Assemblea Generale del 31 maggio 2001. È entrato in vigore il 3 luglio 2005. È stato firmato da 52 parti e, a novembre 2015, contava 114 parti, tra cui 113 Stati e l'Unione Europea[107]. Gli Stati che hanno firmato il Protocollo ma non lo hanno ancora ratificato sono Australia, Canada, Cina, Germania, Islanda, Giappone, Lussemburgo, Monaco, Seychelles e Regno Unito[108]. Tre dei quattro principali produttori di armi al mondo, Stati Uniti, Russia e Francia, non hanno firmato il Protocollo.

L'obiettivo del Protocollo, che è il primo strumento giuridicamente vincolante sulle armi di piccolo calibro adottato a livello globale, è quello di promuovere, facilitare e rafforzare la cooperazione tra gli Stati Parte al fine di prevenire, combattere e sradicare la fabbricazione e il traffico illeciti di armi da fuoco, loro parti e componenti e munizioni.

Ratificando il Protocollo, gli Stati si impegnano ad adottare una serie di misure di controllo del crimine e ad attuare tre serie di disposizioni normative nel loro ordinamento giuridico interno:

- Il primo riguarda la definizione di reati penali relativi alla fabbricazione e al traffico illegale di armi da fuoco sulla base dei requisiti e delle definizioni del Protocollo;

- Il secondo si riferisce a un sistema di autorizzazioni o licenze governative volte a garantire la produzione e il traffico legittimi di armi da fuoco;

---

[106]Visto su https://www.unodc.org/unodc/en/organized crimeZinternational-cooperation.html

[107]Il Protocollo contro la fabbricazione e il traffico illecito di armi da fuoco, loro parti e componenti e munizioni, Palermo, 3rd luglio 2005, 52 ratifiche (2005).

[108] Ibidem

- Il terzo riguarda la marcatura e la tracciabilità delle armi da fuoco[109] .

Il Protocollo non ha una struttura nuova e in generale segue la forma che si trova in altri quadri giurisdizionali internazionali esistenti. Esso fornisce una struttura completa, richiedendo la criminalizzazione e la punizione di particolari atti e sottoponendo gli Stati parte a una serie di obblighi, tra cui l'estradizione, la cooperazione, la trasmissione di informazioni e l'assistenza legale reciproca.

In risposta alla richiesta dell'Assemblea Generale al Segretario Generale di promuovere e assistere gli sforzi degli Stati membri per diventare parte e attuare la CATOC e i relativi protocolli[110] , l'UNODC ha sviluppato un modello di legge contro la fabbricazione e il traffico illeciti di armi da fuoco, loro parti e componenti e munizioni.

In linea con la decisione 4/6 della Conferenza delle Parti della CATOC, gli Stati Parte sono invitati a rafforzare la loro legislazione nazionale in modo coerente con il Protocollo[111] . L'articolo 4 limita l'applicabilità del Protocollo sulle armi da fuoco alla prevenzione, all'indagine e al perseguimento di reati di natura transnazionale e che coinvolgono un gruppo criminale organizzato. Tuttavia, tali requisiti non rientrano nella definizione dei reati specifici di cui all'articolo 5 del Protocollo e le leggi nazionali dovrebbero stabilire tali reati indipendentemente dalla natura transnazionale del coinvolgimento di un gruppo criminale organizzato.[112]

Le definizioni sono previste dal Protocollo[113] ed è consigliabile che gli Stati adottino definizioni coerenti con la Convenzione e il Protocollo, al fine di facilitare la cooperazione con altri Paesi nelle indagini, nelle azioni penali o in altre procedure relative ad attività che rientrano nell'ambito di applicazione della Convenzione e del suo Protocollo e per garantire il rispetto dei vari requisiti di cooperazione internazionale.

Il Protocollo obbliga gli Stati a richiedere la marcatura delle armi da fuoco al momento della fabbricazione, dell'importazione e del trasferimento dalle scorte governative a quelle civili[114] . Tali marcature contribuiscono all'identificazione e alla tracciabilità delle armi da

---

[109] Op. cit. pag. 21

[110] *Serie dei trattati delle* Nazioni Unite, vol. 2326, 2241 e 2326, n. 39574.

[111] Articoli 2 e 4, paragrafo 1, del Protocollo sulle armi da fuoco.

[112] Articolo 34, paragrafo 2, della CATOC

[113] Articolo 3 del Protocollo sulle armi da fuoco

[114] Articolo 8 del Protocollo sulle armi da fuoco

fuoco e incoraggiano i produttori a sviluppare misure contro la rimozione o l'alterazione delle marcature.

Ai sensi dell'articolo 7 del Protocollo, gli Stati sono tenuti a "garantire la conservazione" di determinate informazioni relative alle armi da fuoco e, ove possibile, alle loro parti e componenti e alle munizioni. Il Protocollo non specifica se tali registri debbano essere tenuti dallo Stato stesso o da persone ed entità impegnate nella produzione, importazione, esportazione e così via. Spetta a ciascuno Stato stabilire se i registri debbano essere tenuti dallo Stato stesso e/o da persone ed entità impegnate in attività legate alle armi da fuoco. La disposizione prevede che vengano conservate le informazioni relative alle armi da fuoco "necessarie per rintracciare e identificare" le armi da fuoco prodotte o trafficate illecitamente.

Il Protocollo richiede agli Stati di istituire o mantenere un sistema efficace di licenze o autorizzazioni per controllare l'importazione e l'esportazione di armi da fuoco, loro parti e componenti e munizioni[115] . Il Protocollo richiede inoltre che gli Stati adottino misure sul transito internazionale di armi da fuoco, loro parti e componenti e munizioni. Tale sistema deve garantire che tali articoli non vengano esportati verso o attraverso Paesi che non hanno autorizzato il trasferimento[116] e che il contenuto dei documenti utilizzati per l'importazione e l'esportazione legale sia sufficiente a sostenere il reato di traffico[117] . Gli Stati devono anche adottare misure per migliorare la responsabilità e la sicurezza associate al loro sistema di importazione ed esportazione[118] .

L'articolo 6 del Protocollo deve essere letto e interpretato insieme agli articoli 12-14 della Convenzione, che si applicano al sequestro, alla confisca e all'eliminazione di beni che sono proventi di reato o utilizzati o destinati a essere utilizzati per il crimine. Ciò include generalmente armi da fuoco di fabbricazione e/o traffico illecito, loro parti e componenti e munizioni.

Nella misura in cui le armi da fuoco di fabbricazione o traffico illecito, le loro parti e componenti e le munizioni sono considerate beni "derivati" da tali reati o "usati o destinati all'uso" in tali reati, esse diventano soggette agli articoli 12 e 13 della Convenzione, che impongono agli Stati parte di garantire l'esistenza di leggi che consentano la confisca e di chiedere effettivamente la confisca da parte dell'autorità competente quando questa è

---

[115] Articolo 10, paragrafo 1, del Protocollo sulle armi da fuoco.

[116] Articolo 10, paragrafi 2 e 4, del Protocollo sulle armi da fuoco.

[117] Articolo 10, paragrafo 3, del Protocollo sulle armi da fuoco.

[118] Articolo 10, paragrafo 5, del Protocollo sulle armi da fuoco.

richiesta da un altro Stato parte.[119]

Il Protocollo richiede agli Stati Parte di creare misure che consentano la confisca se gli oggetti "sono stati fabbricati o trafficati illecitamente"[120] . Tuttavia, i redattori dovrebbero prendere in considerazione la possibilità di redigere o garantire che la legislazione esistente consenta, ad esempio, il sequestro senza un mandato di perquisizione ma per motivi ragionevoli, poiché in molti casi ciò avverrà come misura investigativa prima che la fabbricazione o il traffico illeciti possano essere pienamente provati. Per conformarsi al Protocollo, tali poteri dovrebbero essere legati al sospetto o ad altri motivi per ritenere che sia stato commesso o stia per essere commesso un reato stabilito in conformità al Protocollo e che gli oggetti siano una prova di ciò o che siano essi stessi oggetto del reato in questione.

Il Protocollo obbliga inoltre gli Stati Parte a considerare i reati stabiliti in conformità con il Protocollo come reati passibili di estradizione ai sensi dei loro trattati e delle loro leggi e a sottoporre tali reati alle autorità competenti per l'azione penale nazionale qualora l'estradizione sia stata rifiutata per motivi di nazionalità[121] .

Ai sensi degli articoli 12 e 13 del Protocollo, gli Stati parte sono tenuti a individuare un organismo nazionale o un unico punto di contatto che funga da collegamento con gli altri Paesi su questioni relative al Protocollo. Gli Stati devono indicare chiaramente chi sono i punti di contatto nazionali, in modo che gli altri Stati sappiano chi contattare e come farlo. Sebbene lo scambio di informazioni sia una disposizione obbligatoria, i tipi di informazioni da scambiare non sono specificati.

L'articolo 15 del Protocollo richiede agli Stati che non l'hanno ancora fatto di prendere in considerazione l'istituzione di un sistema di regolamentazione delle attività dei broker. Questa è l'unica disposizione del Protocollo che gli Stati sono tenuti a considerare di attuare, ma non è obbligatorio che uno Stato istituisca tale sistema. Pertanto, in ultima analisi, è lasciata agli Stati la facoltà di decidere se adottare o meno una legislazione.

Gli Stati possono anche scegliere di adottare procedure semplificate per consentire ai privati di importare o esportare temporaneamente armi da fuoco, loro parti e componenti e munizioni

---

[119] Guida legislativa, paragrafi 136 e 137

[120] Articolo 6Par1 del Protocollo sulle armi da fuoco

[121] Articolo 16 della CATOC, paragrafi 394-449.

per scopi leciti e verificabili, come la caccia, il tiro sportivo, la valutazione, le mostre o la riparazione[122] .

---

[122] Articolo 10, paragrafo 6, del Protocollo sulle armi da fuoco.

CAPITOLO 3

SFORZI REGIONALI PER LIMITARE IL TRAFFICO ILLECITO DI ARMI

3.1 Sforzi regionali per limitare il traffico di armi

Nell'ottobre 2012, la Marina nigeriana ha sequestrato la *Myre Seadiver, un*'imbarcazione con un grosso carico di armi e munizioni di contrabbando destinate a una destinazione in alcune zone del Paese. L'equipaggio a bordo dell'imbarcazione russa è stato arrestato e preso in custodia per essere interrogato al fine di scoprire dove era prevista la consegna delle armi e delle munizioni. La scoperta comprendeva circa 8.598 munizioni, 14 Ak-47, dispositivi MR1 e 42 fucili sulla nave[123].

In Africa occidentale, le principali sfide in materia di sicurezza marittima sono state individuate nella mancanza di miglioramento del sostegno alla governance marittima da parte della Nigeria, nella ripresa dell'insurrezione del Delta del Niger in Nigeria, nel lento miglioramento dell'attuazione dei quadri giuridici regionali relativi alla sicurezza marittima e nella mancanza di coordinamento da parte degli attori esterni che cercano di affrontare le sfide della sicurezza marittima[124]. Sono stati compiuti sforzi a livello regionale per frenare il traffico di armi e munizioni illegali, ma i problemi persistono.

Nel luglio 1999, l'Organizzazione dell'Unità Africana (OUA) ha rilasciato una dichiarazione sulla proliferazione, la circolazione e il traffico illecito di armi leggere e di piccolo calibro, in cui si chiedeva una soluzione africana coordinata al problema del traffico di armi[125].

In collaborazione con l'Istituto per gli studi sulla sicurezza di Pretoria, l'OUA ha ideato l'Iniziativa sulla proliferazione delle armi di piccolo calibro e l'Africa, progettata per aumentare la consapevolezza del problema della proliferazione delle armi di piccolo calibro e per facilitare una discussione approfondita sulla minaccia che rappresenta. Diverse iniziative sub-regionali mirano a controllare il traffico di armi, ma non hanno le capacità investigative e l'autorità legale per applicare le restrizioni contro il traffico di armi[126].

Il Mali, attraverso la Comunità Economica degli Stati dell'Africa Occidentale (ECOWAS -

---

[123] Il notiziario vanguard (Nigeria)

[124] Par2, Op cit

[125] "Trasferimenti di armi e traffico di armi in Africa", visto su http://www.defense-aerospace.com/article-view/verbatim/16134/arms-transfers-.

e-traffico-in-Africa.html

[126] Ibidem, p. 24

Benin, Burkina Faso, Capo Verde, Costa d'Avorio, Gambia, Ghana, Guinea, Guinea Bissau, Liberia, Mali, Mauritania, Niger, Nigeria, Senegal, Sierra Leone e Togo) ha ideato la Moratoria sulle armi di piccolo calibro dell'Africa Occidentale, che ha imposto un divieto volontario di tre anni (1998-2001), rinnovabile, sulla fabbricazione, l'importazione e l'esportazione di armi in tutti gli Stati membri. A causa della mancanza di risorse per l'applicazione, questa moratoria non ha avuto un impatto significativo sulle attività di traffico di armi in Liberia e Sierra Leone. Anche le vendite di armi ad altri Paesi dell'Africa occidentale sono proseguite senza ostacoli[127].

Secondo alcune stime, in Africa occidentale ci sono almeno 8 milioni di armi di piccolo calibro, di cui più della metà nelle mani di insorti e criminali. Solo in Ghana gli elementi criminali possiedono circa 40.000 armi di piccolo calibro[128].

Letteralmente, le SALW, secondo il Registro delle armi convenzionali delle Nazioni Unite[129], si dice che siano ampiamente disponibili; a basso costo; estremamente letali; semplici da usare; durevoli; molto portatili; facilmente occultabili; e che abbiano legittimi usi militari, di polizia e civili (il che le rende presenti praticamente in ogni società)[130] e sono state riconosciute per molti usi legittimi - tra cui l'autodifesa e la salvaguardia della sicurezza dello Stato. È ovvio che queste stesse armi sono ugualmente suscettibili di un uso improprio da parte di attori statali, forze paramilitari e attori non statali come principali strumenti di violenza armata[131]. Il loro diffuso uso improprio colpisce gli interessi dello Stato e dell'individuo.

L'inefficace regolamentazione e l'uso improprio delle SALW hanno implicazioni sui diritti umani che incidono sull'insieme dei diritti umani fondamentali e delle libertà delle vittime sia a livello individuale che collettivo. Si tratta di diritti codificati in trattati internazionali e regionali, tra cui la *Dichiarazione Universale dei Diritti Umani*[132], i due diritti umani

---

[127] Op. cit. p. 24

[128] Op. cit. p. 24

[129] Rapporto del gruppo di esperti governativi

[130] IRIN, Small Arms: "Le vere armi di distruzione di massa", IRIN Global, maggio 2006.

[131] Op. cit.

[132] Risoluzione 217A (III) dell'Assemblea Generale delle Nazioni Unite, documento delle Nazioni Unite A/810 a 71 (1948) (di seguito UNDHR).

Patti[133] molti trattati tematici[134] , la *Carta africana dei diritti dell'uomo e dei popoli[135]* , e statuti nazionali[136] .

3.2 Le disposizioni del Codice ISPS

Dopo gli attentati dell'11 settembre, che hanno risvegliato l'importanza di un sistema di sicurezza ben strutturato per ogni paese, la comunità marittima internazionale ha riesaminato le leggi esistenti in materia di sicurezza in mare, in particolare la Convenzione internazionale per la salvaguardia della vita umana in mare (SOLAS), e ha riscontrato la necessità cruciale di revisioni e integrazioni per proteggere efficacemente i porti e le navi di tutto il mondo da atti di terrorismo[137] .

In seguito a discussioni sulle vulnerabilità in materia di sicurezza dell'industria del trasporto marittimo internazionale, è stato creato il Codice internazionale per la sicurezza delle navi e degli impianti portuali (Codice ISPS) che, insieme ad altri emendamenti alla SOLAS, è stato adottato dalla Conferenza dei governi contraenti il 12 dicembre 2002 ed è entrato in vigore il 1° luglio 2004[138] .

L'obiettivo del Codice ISPS è quello di stabilire un quadro internazionale di "standard" da raggiungere coinvolgendo i governi, le agenzie governative, le amministrazioni locali e le industrie marittime e portuali per individuare e valutare le minacce alla sicurezza e standardizzare i requisiti dell'industria marittima nell'adozione di misure preventive contro potenziali incidenti di sicurezza che potrebbero colpire le navi o gli impianti portuali utilizzati nel commercio internazionale.

Il Codice richiede che le navi e gli impianti portuali dispongano di personale adeguatamente addestrato per svolgere i propri compiti di sicurezza, raccogliere e valutare le informazioni, mantenere i protocolli di comunicazione, limitare l'accesso, impedire l'introduzione di armi e contrabbando non autorizzati, stabilire livelli di sicurezza basati sulle minacce e le relative

---

[133]Patto internazionale sui diritti civili e politici (ICCPR), risoluzione 2200 (XXI) dell'Assemblea generale delle Nazioni Unite, documento delle Nazioni Unite A/6316 (1966), entrato in vigore il 23 marzo 1976 e Patto internazionale sui diritti economici, sociali e culturali (ICESCR), risoluzione 2200 (XXI) dell'Assemblea generale delle Nazioni Unite, documento A/6316 (1966), entrato in vigore il 3 gennaio 1976.

[134] Ad esempio, il *Patto contro la tortura e altre pene o trattamenti crudeli, inumani o degradanti*, adottato dall'Assemblea generale con la risoluzione 39/46 del 10 dicembre 1984 e la *Dichiarazione sull'eliminazione della violenza contro le donne*, risoluzione 48/104 dell'Assemblea generale del 20 dicembre 1993.

[135] Adottato il 27 giugno 1981, OAU Doc. CAB/LEG/67/3 rev. 5,21I.L.M.58 (1982, in: *http://wwwl.umn.edu/humanrts/instree/zlafchar.htm).*

[136] Si veda la Parte IV della *Costituzione della Repubblica Federale della Nigeria* 1999, Cap C23 LFN 2004.

[137] Gli eventi dell'11 settembre: pensieri ed emozioni di S.M Atif Imtiaz, reperibile su http://masud.co.uk/ISLAM/misc/imt sep11.htm

[138] Garanzia di sicurezza nelle catene di approvvigionamento marittimo: Problemi concettuali di vulnerabilità e gestione delle crisi di Paul Barnes e Richard Oloruntoba trovati su http://www.sciencedirect.com/science/article/pii/S1075425305000694

contromisure e procedure di sicurezza, e fornire indicazioni sugli argomenti per le valutazioni di sicurezza delle navi e dei porti e i piani di sicurezza. È importante notare che le "minacce alla sicurezza" affrontate non riguardano solo il "terrorismo", ma comprendono anche i clandestini, la pirateria, il contrabbando di droga e contrabbando, il sabotaggio, il dirottamento, l'uso non autorizzato, la manomissione del carico, la presa di ostaggi, il vandalismo, l'uso della nave per trasportare i criminali e le loro attrezzature e l'uso della nave come arma.

La Nigeria è stato il primo Paese africano a firmare la SOLAS C e ad adottare il Codice ISPS nella legislazione nazionale del Paese nel 2006, sotto la guida dell'allora Ministro dei Trasporti, Dr. Abiye Sekibo[139]. L'Agenzia nigeriana per l'amministrazione e la sicurezza marittima (NIMASA) e i suoi dirigenti sono stati nominati Autorità designata per l'attuazione del Codice ISPS il 21 maggio 2013, in seguito all'ultimatum del governo statunitense che ha chiesto alla Nigeria di migliorare i sistemi di sicurezza delle proprie strutture portuali o di incorrere in sanzioni, dopo che un rapporto della Guardia Costiera degli Stati Uniti, che ha condotto un'ispezione delle strutture portuali del Paese nel 2012, ha rivelato lacune nell'attuazione del Codice ISPS da parte della Nigeria.

Le sanzioni a cui hanno fatto riferimento gli Stati Uniti significavano che le navi che facevano scalo nei porti nigeriani non avrebbero potuto entrare nelle acque territoriali statunitensi. Considerando il volume del commercio internazionale negli Stati Uniti, un'azione del genere avrebbe avuto implicazioni economiche disastrose per la Nigeria. Se le sanzioni si fossero concretizzate, meno navi avrebbero fatto scalo nei porti nigeriani, creando spazio per un forte aumento dei costi di assicurazione e di trasporto. Ciò si tradurrebbe in un aumento del costo dei beni sul mercato, essendo la Nigeria un'economia dipendente dalle importazioni.

La NIMASA ha quindi costituito un Comitato per l'attuazione del Codice ISPS per contribuire alla supervisione del mandato di attuazione. Oltre al personale chiave dell'NIMASA che ha fatto parte di questo comitato, sono stati coinvolti anche altri enti governativi chiave come la Marina nigeriana (NN), l'Autorità portuale nigeriana (NPA), la Nigerian National Petroleum Corporation (NNPC), le forze di polizia nigeriane (NPF), il Servizio di sicurezza dello Stato (SSS), il Servizio doganale della Nigeria (NCS) e il Servizio immigrazione della Nigeria (NIS). Secondo la NIMASA, il comitato ha svolto con successo il compito assegnatogli.

La NIMASA si è assicurata, in quanto autorità designata, che:

---

[139] Il numero 1-2014 del notiziario IMO si trova all'indirizzo https://issuu.com/imo-news/docs/23629 imo news 01-14 hr

a. Al fine di stabilire il numero, l'ubicazione e la natura delle operazioni di tutte le strutture portuali (PF) e dei moli del Paese, l'Agenzia ha commissionato un audit delle risorse marittime costiere della nazione.

b. Hanno concluso esercizi di ispezione di verifica (VIE) su tutti i PF a terra del Paese. Il rapporto di questo VIE ha costituito la base per la ricertificazione di questi PF in linea con i requisiti del Codice ISPS. I PF ritenuti non conformi non sono stati ricertificati e, in casi estremi, hanno subito ulteriori azioni punitive.

c. Sono state messe in atto politiche e misure per garantire una maggiore formazione e sviluppo delle capacità di tutto il personale del settore marittimo.

Per quanto riguarda la sicurezza marittima, la Nigeria ha previsto il Nigerian Maritime Administration and Safety Agency Act 2007, l'ISPS Regulations 2014 (segue l'MPSC), l'Handbook on ISPS Code Implementation and Governance, l'Implementation Committee Charter e la SOP for ISPS Code Implementation. Di conseguenza, Larry Stephen Cox[140] , capo della sezione legale del Programma internazionale di sicurezza portuale della Guardia Costiera degli Stati Uniti, che ha collaborato con numerosi Paesi nella costruzione di strutture portuali relativamente sicure per i loro Stati, ha riconosciuto in modo specifico le misure eccezionali messe in atto dal governo nigeriano per facilitare l'adozione di un corpo o di leggi che mirano alla sicurezza e alla stabilità sociale delle loro strutture portuali.

3.3 Altre leggi e agenzie di sicurezza marittima esistenti in Nigeria

Le leggi e gli strumenti normativi istituiti per garantire un'efficace sicurezza marittima in Nigeria si trovano nell'attuale NIMASA Act 2007[141] , che è la legislazione abilitante che istituisce l'Agenzia Nigeriana per l'Amministrazione e la Sicurezza Marittima (NIMASA). È l'agenzia di regolamentazione marittima più importante e l'agenzia governativa riconosciuta dall'IMO per l'attuazione delle convenzioni marittime internazionali in Nigeria. La responsabilità del controllo delle navi e di altre questioni di sicurezza è stata quindi affidata alla NIMASA con le funzioni e i poteri previsti dal NIMASA Act.[142]

La sezione 2(1) dell'MSA[143] 2007 prevede che l'agenzia governativa "istituita per l'amministrazione e la sicurezza marittima" sia l'agenzia di attuazione della legge. La sezione 1(2) (a) del NIMASA Act 2007 conferisce all'Agenzia nigeriana per

---

[140] Docente in visita presso l'Istituto di diritto marittimo internazionale dell'IMO

[141] Firmato in legge dal Presidente della Repubblica federale della Nigeria il 28th maggio 2007.

[142] Sezione 22, Parte IV della legge NIMASA del 2007.

[143] Legge sulla navigazione mercantile

l'amministrazione e la sicurezza marittima (NIMASA) questi poteri e autorità.

Un'altra agenzia che ha la responsabilità di garantire un ambiente marittimo sicuro è la Marina nigeriana, un ramo delle Forze armate nigeriane. È tra le più grandi marine del continente africano e conta diverse migliaia di effettivi, compresi quelli della Guardia Costiera nigeriana[144]. La Marina ha ampliato i ruoli militari e di polizia, soprattutto nei settori del petrolio e del gas dell'economia marittima nigeriana[145]. Per definizione, la Marina è il ramo dei servizi armati di uno Stato che conduce operazioni militari in mare[146]. La sezione 1 del Nigerian Navy Act[147] istituisce la Marina nigeriana e le conferisce poteri in materia di difesa navale, assistenza nell'applicazione delle leggi doganali in Nigeria, rilievi idrografici, addestramento ai compiti navali e "*altri compiti che il Consiglio nazionale dei ministri può di volta in volta stabilire[148]* ".

In relazione al controllo del traffico di armi, le funzioni della Marina e della NIMASA sono tutto ciò che il marittimo può vantare come meccanismo di sicurezza. A livello federale, la legge sulle armi da fuoco, che esiste, risale al 1959 e ha subito poche o nessuna revisione[149].

Importanti disposizioni sono le sezioni 17 e 20 della legge che limitano l'importazione o l'esportazione di armi da fuoco e munizioni proibite se non attraverso un ingresso designato. Per quanto riguarda le armi personali, la persona che importa o esporta l'arma è tenuta a dichiararla al funzionario competente solo al momento dell'importazione o dell'esportazione[150].

Il quadro istituzionale per la regolamentazione delle SALW, che sostiene la legge sulle armi da fuoco, comprende principalmente la NATCOM, la polizia come principale organo responsabile dell'applicazione della legge e i tribunali. Inaugurato nel 2001, il NATCOM è responsabile della registrazione e del controllo delle SALW, della regolamentazione dell'importazione e dell'esportazione di SALW, dell'individuazione e della distruzione di SALW illegali e della concessione di permessi di esenzione ai sensi della moratoria

---

[144] http://navy.mil.ng/

[145] http://www.navy.mil.ng/History

[146]h ttp://www.merriam-webster.com/dictionary/navy

[147] Leggi della Federazione della Nigeria 99 del 1964 (CAP 288)

[148] Sezione 1 (2) (a) della Legge sulla Marina LFN 99 del 1964 (CAP 288)

[149] Nel 1966 è stato rivisto più volte, ma la revisione più completa è stata il Decreto sulle armi da fuoco (emendamento) n. 31 del 1966, che ha aumentato le pene per il traffico o il possesso illegale di armi da fuoco.

[150] Sezioni 19 e 21, *ibidem*. Si veda anche la sezione 20, che vieta l'importazione di armi da fuoco per posta.

dell'ECOWAS[151] .

Il Comitato ricostituito (NATCOM), che dovrebbe essere l'epicentro per il controllo del flusso illegale di SALW, è tuttavia incapace di agire a causa di diversi fattori. Tra questi, il sottofinanziamento, la mancanza di competenze tecniche, la corruzione da parte delle forze dell'ordine e la mancanza di uno status indipendente, come previsto dalla Convenzione ECOWAS, ostacolano in generale l'efficacia del Comitato[152] .

I fattori di domanda e offerta della proliferazione delle SALW dipendono l'uno dall'altro. Pertanto, affrontando il fattore dell'offerta senza affrontare contemporaneamente quello della domanda, si può creare una situazione in cui le armi diventano più costose da acquistare senza necessariamente impedirne l'acquisizione, poiché coloro che le acquistano possono ancora permettersele. In una situazione del genere, le SALW rimarranno accessibili a gruppi come le milizie del Delta del Niger che generano ingenti fondi dalle attività illegali di bunkeraggio del petrolio e quelle sponsorizzate da membri influenti della società. Inoltre, finché la necessità di SALW sussiste, le persone che ne hanno bisogno aggireranno sempre le restrizioni legali per ottenerle, indipendentemente dalla vigilanza della legge. Un approccio efficace richiede strategie legislative, amministrative e giudiziarie coordinate e sostenute che affrontino i fattori che incoraggiano la domanda di armi e contemporaneamente arginino gli sbocchi attraverso i quali proliferano le armi illecite, in particolare i porti marittimi, dato che le merci sono trasportate in quantità maggiori attraverso questo mezzo.[153] .

La legge sulle armi da fuoco[154] e i regolamenti sulle armi da fuoco, emanati anni prima della Moratoria e della Convenzione dell'ECOWAS, nonché dei parametri del Programma d'azione delle Nazioni Unite (*UNPoA*), sono ovviamente obsoleti e quindi da rivedere al fine di sincronizzare le loro disposizioni con gli attuali standard internazionali per combattere il flagello delle SALW.

---

[151] Hazen e Horner,

[152] Ibidem

[153] Dare un volto al problema della proliferazione delle armi leggere: Allarme internazionale di M. Page (febbraio 2005) Visto su

http://www.academia.edu/690976/Putting un volto umano al problema della proliferazione delle armi leggere Allarme internazionale febbraio 2005

[154] Op Cit pag. 30

CAPITOLO 4

CARATTERISTICHE DI SPICCO DEL PROTOCOLLO SULLE ARMI DA FUOCO RISPETTO AD ALTRE LEGISLAZIONI SULLA SICUREZZA MARITTIMA

4.1 Il Protocollo CATOC sulle armi da fuoco e la legge nigeriana sulle armi da fuoco

Il Protocollo sulle armi da fuoco contiene una definizione precisa di munizioni e armi da fuoco, comprese le "armi da fuoco antiche[155] ", il che è ragionevole se si considera che l'ondata di attività criminali e di innovazioni si è spinta fino al punto che organizzazioni e gruppi criminali assemblano armi e loro parti sia di vecchia natura che nuove. Avere una definizione concisa di arma da fuoco è molto importante perché attualmente la definizione di arma da fuoco in conformità con il Firearms Act of Nigeria[156] è altamente insufficiente nel descrivere un'arma da fuoco perché definisce solo cosa sono rispettivamente un'arma da fuoco, una munizione e un'armeria pubblica[157] . La legge definisce un'arma da fuoco come "*qualsiasi arma letale a canna, di qualsiasi descrizione, da cui possano essere sparati colpi, proiettili o altri missili, e include un'arma da fuoco proibita, un'arma da fuoco personale e un'arma da fuoco ad avancarica di una qualsiasi delle categorie di cui alle parti I, II e III rispettivamente dell'Allegato, e qualsiasi componente di una di queste armi da fuoco*"[158] .

Il Protocollo si spinge oltre, definendo cosa comportano le attività di intermediazione, cosa significano le armi disattivate, e fornisce anche definizioni per i diversi metodi di trasporto che potrebbero essere adottati per spostare le armi da un luogo all'altro[159] . Il Protocollo contiene una disposizione che non solo definisce il sequestro delle armi acquisite illecitamente, ma prevede anche il tracciamento dei registri finanziari e il congelamento di questi conti attraverso una collaborazione distinta con la sicurezza dello Stato per monitorare gli istituti bancari al fine di eseguire quanto stabilito[160] .

La legge nigeriana sulle armi da fuoco[161] prevede pene e ammende che sono scandalosamente obsolete. I reati sono generalizzati e sono tutti punibili con una pena non inferiore a

---

[155] Articolo 4 (a), (b) e (h). Il modello di legge per il protocollo sulle armi da fuoco.

[156] Cap 146 Leggi della Repubblica Federale della Nigeria 1990

[157] Ibidem

[158] Op Cit Pagina 28

[159] Si veda l'articolo 4 della Legge modello per il protocollo sulle armi da fuoco.

[160] Si veda l'articolo 4 (i) e il Capitolo 13. Modello di legge per il protocollo sulle armi da fuoco

[161] Op. cit. pag. 29

10 anni[162] . Questo senza considerare la natura e la gravità del reato in questione. Inoltre, "qualsiasi tribunale" è autorizzato a giudicare un caso riguardante le armi da fuoco, il che è in contraddizione con la Costituzione della Repubblica Federale della Nigeria che attribuisce alla sola Alta Corte Federale la giurisdizione ESCLUSIVA di giudicare le questioni riguardanti le armi, le munizioni e gli esplosivi[163] . Questo fatto particolare è l'unica ragione per cui il Firearms Act[164] non è in grado di essere il quadro giuridico per la regolamentazione del traffico di armi in Nigeria[165] .

Inoltre, la legge sulle armi da fuoco conferisce alla polizia e ai funzionari pubblici alcuni diritti e libertà[166] che non sono molto consigliabili, poiché è stato notato in precedenza che uno dei canali utilizzati per intercettare le armi da fuoco da parte di criminali e terroristi è attraverso funzionari pubblici corrotti[167] . D'altra parte, il Protocollo per la fabbricazione e il traffico illeciti di armi da fuoco non prevede questa libertà né crea eccezioni per gli agenti di pubblica sicurezza.

11 2 I limiti del Codice ISPS e del Protocollo sulle armi da fuoco

Non si sottolineerà mai abbastanza che la Nigeria si trova in uno stato di disordine a causa dell'incompetenza di gran parte della nostra legislazione e delle nostre agenzie di sicurezza. Anche se sono stati introdotti il Codice ISPS e tutti gli altri regolamenti che garantiscono la sicurezza dei porti, il Codice ISPS, secondo l'opinione di molti esperti, è limitato nelle sue misure di sicurezza. Ad esempio:

a. L'interfaccia nave-porto è il punto in cui la nave incontra la terraferma. A parte quest'area, il Codice ISPS non si estende/applica a nessun altro territorio geografico intorno all'area[168] . D'altra parte, a discrezione dei legislatori, il Protocollo sulle armi da fuoco, se implementato, coprirà tutte le strutture portuali e le acque territoriali del Paese.

b. Il Codice ISPS non contempla i servizi di sicurezza e non prevede disposizioni di applicazione. In altre parole, gli Stati Parte devono addestrare il proprio personale di sicurezza in modo specifico per eseguire i requisiti del Codice ISPS[169] . Mentre il

---

[162] Sezione 28 (2) Legge sulle armi da fuoco Cap 146, LFN, 1990

[163] Si veda l'articolo 251 (1) (I) della Costituzione della Repubblicafederale della Nigeria del 1999 (modificata nel 2011).

[164] Op Cit

[165] Si veda la Sezione 1 (1) della Costituzione della Repubblica Federale della Nigeria del 1999 (modificata nel 2011).

[166] Si veda la sezione 35 della legge sulle armi da fuoco Cap 146, LFN, 1990.

[167] Opcit Pagina 8

[168] Sezione 3, Codice ISPS

[169] Sezione 13, Codice ISPS

Protocollo sulle armi da fuoco lavora con il personale di sicurezza disponibile per proteggere gli impianti portuali e il loro ambiente.

c. L'ISPS non affronta nemmeno il problema della risposta alle incidenze[170]. Il Protocollo sulle armi da fuoco è eccezionalmente eccezionale in quanto lavora con una rete transnazionale ben strutturata che consente agli Stati parte di rintracciare e indagare insieme i gruppi criminali organizzati transnazionali[171].

In poche parole, il Codice ISPS è stato abbastanza utile nelle sue disposizioni, ma non risponde a tutti i problemi. Inoltre, per quanto la comunità internazionale possa essere d'accordo su un gran numero di problemi che sono ugualmente affrontati dalla maggior parte degli Stati, è molto importante che gli Stati individualmente comprendano e prendano in considerazione le loro leggi consuetudinarie e comprendano i loro problemi unici, il che è una caratteristica che l'UNTOC fornisce agli Stati membri[172]. Le leggi modello sono fornite per guidare gli Stati membri su come redigere le legislazioni in modo da adattarle alle loro leggi consuetudinarie individuali. Il modo migliore per migliorare la sicurezza dell'industria marittima e del suo ambiente, oltre al Codice ISPS, è adottare il Protocollo sulle armi. Questa sarà un'ottima combinazione per salvaguardare e garantire un sistema di trasporto marittimo sicuro, perché non si può fare a meno di sottolineare che se si vuole sradicare il traffico illecito di armi, il Codice ISPS da solo non è adatto al compito.

---

[170] Sicurezza marittima e Codice ISPS di Mike Udo Visto su http://www.academia.edu/12203552/MARITIME SICUREZZA E CODICE ISPS

[171] Si veda il capitolo 15 del Protocollo sulle armi da fuoco. "Scambio internazionale e cooperazione internazionale

[172] Op Cit

CAPITOLO 5

CONCLUSIONI E RACCOMANDAZIONI

Il Protocollo contro la fabbricazione e il traffico illecito di armi da fuoco, loro componenti e munizioni è stato concepito unicamente per promuovere, facilitare e rafforzare la cooperazione tra gli Stati contraenti al fine di prevenire, combattere e sradicare la fabbricazione e il traffico illecito di armi da fuoco. Come già detto, questo protocollo e questa convenzione non esistono sotto l'egida di un meccanismo marittimo, e quindi la sfida di applicarli all'amministrazione e al sistema di sicurezza marittima.

La Marina nigeriana, per quanto prestigiosa ed eccezionale, dovrà sicuramente essere rafforzata con navi di sicurezza efficaci, gadget, attrezzature, veicoli, macchinari e personale competente per garantire l'efficacia di questo protocollo nei porti.

Un'altra area di preoccupazione è la legge sul cabotaggio della Nigeria, che copre letteralmente le attività marine all'interno dei porti, delle acque territoriali e delle acque costiere rispettivamente. L'attuazione di questo protocollo al servizio della sicurezza dei porti potrebbe comportare una revisione delle leggi sul cabotaggio in Nigeria per adattarle e prevedere un facile accesso e coinvolgimento del personale di sicurezza, con diritti e poteri per svolgere correttamente le proprie responsabilità.

La disposizione del Protocollo sulle armi da fuoco autorizza lo Stato ad arrestare le persone che trafficano armi e munizioni all'interno della giurisdizione dello Stato. Tuttavia, alcuni dei responsabili potrebbero sfuggire all'arresto a causa del controverso articolo 27 dell'UNCLOS, che prevede norme sulla giurisdizione penale a bordo di una nave straniera.

L'articolo 27, paragrafo 1, dell'UNCLOS stabilisce che lo Stato costiero non gode di giurisdizione penale a bordo di una nave straniera che attraversa il suo mare territoriale per:

A. Arrestare qualsiasi persona; e
B. Condurre qualsiasi indagine in relazione a qualsiasi reato commesso a bordo della nave durante la sua navigazione.

Tuttavia, la stessa disposizione riconosce quattro eccezioni a questa regola quando lo Stato costiero gode di giurisdizione penale:

A. Se le conseguenze del reato si estendono allo Stato costiero;
B. Se il reato è tale da turbare la pace del paese o il buon ordine del mare territoriale;

C. Se l'assistenza delle autorità locali è stata richiesta dal comandante della nave o da un agente diplomatico o consolare dello Stato di bandiera;

D. Se tali misure sono necessarie per la soppressione del traffico illecito di stupefacenti o sostanze psicotrope,

Inoltre, il diritto di passaggio inoffensivo nel mare territoriale è un'eccezione alla sovranità di uno Stato costiero rispetto al regno assoluto che lo Stato costiero esercita sul suo territorio terrestre[173] che è soggetto a sospensione in determinate situazioni[174] o quando il passaggio non è innocente[175]. Tuttavia, è possibile che una nave che trasporta armi illegalmente possa attraversare le acque territoriali nigeriane e sfuggire all'arresto o alla perquisizione se rispetta le regole del passaggio inoffensivo stabilite dall'UNCLOS, perché il diritto internazionale sarà la difesa offerta dalla nave e dai suoi proprietari.

L'UNCLOS consente inoltre agli Stati di adottare leggi e regolamenti in conformità con le disposizioni della Convenzione. Ciò significa che uno Stato costiero non può adottare leggi e regolamenti più restrittivi delle disposizioni della Convenzione o di altre norme di diritto internazionale[176]. Tuttavia, a titolo orientativo, l'UNCLOS consente agli Stati costieri di mantenere alcune leggi nazionali anche se ciò significa interrompere il diritto di passaggio inoffensivo; una di queste è "la prevenzione della violazione delle leggi e dei regolamenti doganali, fiscali, di immigrazione o sanitari dello Stato costiero"[177].

Pertanto, se la Nigeria vuole garantire l'effettiva attuazione del Protocollo sulle armi da fuoco nel settore marittimo, la legge sulle armi da fuoco, la legge sulla gestione delle dogane e delle accise, tra le altre, devono essere riviste ed emendate per adeguarsi alle disposizioni dell'UNCLOS e di altri standard internazionali.

---

[173] Manuale IMLI di diritto marittimo internazionale, Vol. 1, Diritto del mare. pag. 38, par. 2.

[174] Articolo 25, paragrafo 3, dell'UNCLOS

[175] Articolo 25, paragrafo 1, dell'UNCLOS

[176] Opcit The IMLI Manualon International Maritime Law, Vol. 1; pag. 46, par. 2

[177] Articolo21dellaUNCLOS